薩·所·羅·蘭
精神分析的人間條件叢書13

氣色不會消褪的苦與痛：多瓦《我的母親》與茱麗葉

王明智、邱顯翔、陳瑞君、張贏云、
陳建佑、謝昀融、王盈彬、廖麗霞、
黃守宏、劉俊廷、郭淑惠、王怡萍、
劉又銘、吳婉綺、何彥廷、周容琳、
蔡榮裕／合著

【薩所羅蘭的山】

陳瑞君、王明智、許薰月、劉玉文、魏與晟、
陳建佑、劉又銘、謝朝唐、王盈彬、黃守宏、蔡榮裕

【薩所羅蘭的風】（年輕協力者）

彭明雅、白芮瑜、王慈襄、張博健

熱情氣色不曾消褪的苦與痛：
阿莫多瓦《我的母親》《沉默茱麗葉》

【薩所羅蘭】精神分析的人間條件13（以線上視訊方式）

電影與精神分析（以文會友[嵐讀書]的朋友）

標題：不在場的客體：如何借給愛恨情仇使用，尋找多情的出路？

時間：2023.05.21 周日 08:45-17:20

阿莫多瓦《我的母親》、《沉默茱麗葉》與Winnicott《客體的使用》

[嵐讀書]成員

邱顯翔、張贏云、謝昀融、廖麗霞、劉俊廷、王怡萍、吳婉綺、何彥廷、周容琳、蔡榮裕。

　　由於阿莫多瓦，讓我們重新想像，佛洛伊德在《論幽默》裡對於「幽默的態度」的描繪，做爲有著親職功能的潛在意義，幽默不是說笑話，幽默不是順從的，它是反叛的。它不僅表示自我勝利，還有快樂原則的勝利，這種原則能夠對抗現實情況的不友好。幽默具有兩個特點：拒絕現實的要求和實現享樂原則。

那撕去一半的照片，讓小班隱隱約約知道，是自己的父親。寫下母親像是要吞吃母親，既使母親不希望兒子寫下她的一切，但小班無法遏抑自己寫作的慾望；是因爲透過文字，讓母親永遠活在自己心底。開場兒子便問母親：「是否會爲她賣身？」關於母親的性，隱隱約約指向的第三者，還有爲子賣身的犧牲，終究還是回到嬰兒陛下的優位。某種程度解決了這樣的矛盾。（王明智）

　　直到舞台劇結束後的傾盆大雨，站在雨中的兒子問了母親關於父親的訊息，那其中的探問、失落、罪惡、羞愧好似也隨著大雨迴盪著、滂沱著、傾瀉著，也塡滿在母子之間。彼此之間靠近的狀態也因爲那份對於父親缺席的不明確，那份愛濃烈背後的恨也逐漸升起，像是兒子用力啃食著母親的乳頭，也更在兒子被Huma拒絕簽名之後，衝向計程車之後開始放肆的四處流竄。（邱顯翔）

　　阿樂多在面對這些爛事時的態度既不是逆來順受；也不是對她施以各類型式暴力者的討伐；也從不閃躲老天在她身上施加的無情及宿命；同時也不隨意滿足他人對她的慾望；對沉淪者的誘惑她既不是置之不理也不會願者上鉤；對掌聲與鎂光燈她既不討好從衆也不是優越麻木，最

熱情氣色不曾消褪的苦與痛：
阿莫多瓦《我的母親》《沉默茱麗葉》

後，她也從不輕視自己要變成心中理想女人的努力與願景。（陳瑞君）

劇中呈現許多組關係的對照：曼紐拉與兒子、修女馬莎與母親、馬莎與剛出生的孩子、知名演員如煙與女主角的兒子、如煙與她的戀人、曼紐拉與好友阿樂多……，在多段描述愛的關係中，劇中的角色以不同的方式給愛，也用不同的方式使用客體。

想到這裡，這部本來在我心中洋溢感動、讚揚母愛的電影，如同幻燈片疊加不同層次的看見，映照出另一種風貌。讓我不禁想問那麼，母愛是什麼？（張贏云）

回到孩子的筆記本裡，那些追尋或者不斷想像的「有」，其豐富與多樣，卻總有「那裡還有什麼」的感受，但繼續追下去，是走上真理追尋的道路，還是暗藏強迫性重複的一種，難以真正生存的困境，一不小心只看著眼前的路賠上了生命。這裡指的不只是真實的生命，而是溫尼考特描述的真我，亦即一種整合後的狀態，可以感受、可以與世界互動，有一種承擔起照顧自己的能力，足以消化從中而來的刺激，而不再只是一次次難以消化的侵擾；回頭面對那股空白，迎來不同的感受。（陳建佑）

在這樣的狀況下，阿樂多他還是陪伴了被羅拉遺留下來的兩個女子，陪伴著他們的來也承受著他們的離開，面對著這些的攻擊之下，他存活下來，也在演員如煙與女友因爭吵無法如期上台表演時，他代替他們上台，他沒有透過演戲來詮釋那些在生命中不可承受之重，而是坦然地去揭露自己的生命經驗，在這當下他是在用攻擊的方式攻擊了自己，讓自己得以倖存；或是他在當下，同時也接受了大家的攻擊，但他得以倖存了。（謝昀融）

　　倖存者的前身，可以說是一種失敗者的樣貌，對應的是在全能幻想中的失敗，客觀現實也許不會以失敗命名，但是倖存者的主觀現實，特別是在進行母職的照顧者，常常會有這樣的感受。這種如引文中提到需要特別的努力和給予的空間，除了來自個體自己的內在潛能或成熟度之外，其實整個社會環境的支持系統網絡，就像影片中眾多媽媽在沒有約定好的接力協助，也是相當重要的復原力（Resilience）的來源。（王盈彬）

　　關於復原力，我很喜歡劇中變性人阿樂多（Agrado）這個角色，她開朗樂觀的性格，爲這些女人們帶來不一樣的連結。她的善良一開場就展現，她的職業是妓女，卽便

熱情氣色不曾消褪的苦與痛：
阿莫多瓦《我的母親》《沉默茱麗葉》

被客人強暴，剛好遇到曼紐拉認出她出面援救，她仍扶起客人並告訴對方到哪裡可包紮。也因為她的出現，曼紐拉才得以認識羅莎，而後曼紐拉再把她介紹給知名女演員如煙，穿針引線的將這些女人們，曼紐拉、蘿莎、如煙、甚至最後才出現已變性的女人羅拉（Lola）她們的生命連結起來，形成一個強力互相支援的系統網絡。（廖麗霞）

的確，幽默的快樂從未達到喜劇或笑話的快樂強度，而且這種快樂特別具有解放和提升的作用。……因此幽默具有逃脫苦痛，放棄現實，讓幻想取代的功能，這和其他的防衛不同，如此不用付出心理健康，因為痛苦並未從意識中撤離，原慾衝動伴隨的施虐或被虐傾向都取代至超我上，而讓自我可以有愉快的活動，這個活動已經去性化，且沒有攻擊的元素……佛洛依德《論幽默》文末也同樣地表示，超我有許多面向及本質值得大家再去學習的。（黃守宏）

關於幽默與罪惡理論的理解有些聯想，我注意到好像不管是討論幽默或是罪惡，超我都在其中扮演一個重要的角色，其做為自我內在的一個特殊機構，既可以折磨主體，也能帶其脫離苦痛。在罪惡的理論提到精神分析對於

罪惡本質矛盾的看法，超我也同樣給我一種好與壞兼具的矛盾感，或說有一種超我說了算的主宰性，這也讓我想起在討論幽默中提到超我是父母的繼承人，也代表超我如同父母照顧對嬰兒一般握有生死的權力，同時兼具父性嚴厲與母性照顧的本質。（劉俊廷）

茱麗葉對於痛苦的事實，一直未說出口，直到她寫在給女兒的長信上。她原本築起的高牆讓她以沉默把這些都遮蔽、隱藏起來，不知道要將這些關於死亡、無法重來、無法思考、無法怪罪任何人的感覺說給誰聽。寫信，作為一種經驗的再思考，對著心中女兒的想像述說，是一次重新揭開傷口，不再以漠視作為一種安撫自己的手段，讓文字與言說得以成為推倒沉默高牆的力量。（郭淑惠）

茱麗葉的罪惡感是被安提亞看見了，但安提亞的罪惡感，茱麗葉想不清楚那能是什麼？所以，對安提亞來說，她的客體不能使用，安提亞無法被她的母親所看見，無法獲得母親的回應。所以消失的破壞成為真實嗎？一邊開心的露營，卻發現父親早已意外死亡，當她發現自己正與同伴玩得開心地同時是她父親正痛苦死去，她是怎麼經驗這件事情的？罪惡感如何在這當中漸漸吞噬她？是否叛逆期

  熱情氣色不曾消褪的苦與痛：
阿莫多瓦《我的母親》《沉默茱麗葉》

的攻擊，此刻成為真實，她的父親與母親真的死亡。（王怡萍）

走到了這個最初的公寓，那是後來之所以有了廚房浴室就可以生活的起點，場景與回憶（或者移情）作為一種內在客體，主體與之相聯，保留著、儲存著，對那段年少青春的愛慕感情，這感情是一種曾經活過的證據。日後為了當下活著的需要，可以再次讀取這像硬碟裡的檔案，甚至複製，再產生一個個的日後改寫版本，好像自己仍然延續著這樣的感覺活著。（劉又銘）

母女之情是一段相當特別的關係，身為同樣性別的兩個人是否會越容易相互投射、潛意識的連結也更加深刻呢？茱麗葉在寫給女兒的信中提到，「我學我父母以開明的態度把你養大，搬到馬德里時，我陷入憂鬱症，我從未告訴你，巨大的罪惡感讓我窒息，你爸爸的死和火車上自殺的男子，讓我徹夜難眠，我從未告訴過你，我要你毫無罪惡感的長大，但你感覺到了，即使沉默，我像病毒般感染你。」（吳婉綺）

女兒的突然離家，很難說是哪個被摧毀了？女兒自己

的內在客體因失望而垮掉了？或者茱麗葉就是要被摧毀的客體對象？女兒以離開來達成這種摧毀的象徵動作？也許她們都被迫離開了自己的座椅，雖然被稱做離家做自己，或者茱麗亞開紅車的旅行，都是離開了自己的座椅，至於背景裡的山和山路，成了這裡所說的中介地帶，好像有方向要去找什麼？但卻並不然能夠如願的過程？（蔡榮裕）

　　劇中茱麗葉說到，她還是把罪惡感傳染給安堤亞了。這樣的形容，令我感到好奇！罪惡感的傳染，會用什麼樣的方式體現出來？講到這裡，我不禁在想，罪惡感是一種從茱麗葉身上傳遞到安堤雅身上的一種傳染病毒嗎？抑或者是某種兩人之間的一個互動裡頭所蘊含的成分，誘發了彼此身上的罪惡感。就像是感冒時我們的發炎反應一般，罪惡感或許是一種結果，他可能讓每個人心中都承擔了些什麼，也或許它是我們在內心深處為了抵禦些什麼所換來的發炎反應？（何彥廷）

　　在女兒安提亞（Antía）十八歲消失後，電影畫面完全沒有交代安提亞消失的十二年間她人在哪，為什麼離開。這種令觀眾感到困惑、摸不著頭緒、充滿想知道他人在哪的好奇心與渴望甚至想知的迫切，與無知的無力和失

熱情氣色不曾消褪的苦與痛：
阿莫多瓦《我的母親》《沉默茱麗葉》

落，好像也反應出安提亞還是兒童時的心理，她也是這樣感知父親的死亡與母親的憂鬱。彷彿電影的手法讓觀眾藉由看不到消失的安提亞也體會一次安提亞童年感知父職與母職的消失（paternal and maternal figure的消失），那種失落、那種無助，那種空白。（周容琳）

目錄
CONTENTS

前言

　　「從長遠來看，要指定什麼是倒錯的，什麼是不倒錯的，並不是一件簡單的事情。即便如此，定義我們所說的倒錯，比我們所說的倒錯者，更容易。佛洛伊德很早就提醒注意這樣一個事實，即我們都是表層下的倒錯者，這表層底下有我們自己倒錯多形的幼年部分被隱藏在那裡。因此，通常被認為是倒錯的活動——窺淫癖、戀物癖、暴露癖、對各種可能的情慾區域的興趣——都可能構成正常愛情關係經驗的一部分。從這個角度來看，一個似乎可以特徵化倒錯者的因素是，他，別無選擇；他的性特質從根本上來說是強迫性的。他不是選擇倒錯，也不能說他選擇倒錯的形式，就像強迫症不能選擇他的強迫或歇斯底里症不能選擇他的頭痛和恐懼一樣。偏移的性特質中的強迫因素，也會在客體關係上留下印記，性的客體被召喚來滿足一個受限制和嚴格控制的角色——甚至是匿名的角色。合作夥伴的角色，雖然經常被簡化為部分客體的角色，但它是被高度投入的，並實現了一個神奇的功能。但這也可以說，應用於許多從不缺乏錯覺的普通愛情關係。」（王盈彬譯，Joyce McDougall(1972), Primal Scene and

熱情氣色不曾消褪的苦與痛：
阿莫多瓦《我的母親》《沉默茱麗葉》

Sexual Perversion. Int. J. Psychoanal., (53):371-384.）

「如果用嬰兒式性慾的眼光來理解佛洛伊德所說「內在世界所缺失的東西，要在外在的客體或情境中尋找」會是怎樣？這種空白，猶如沒有鏟子因此無法想像根的眼睛，也如同母親若有所思且愣怔的表情，是在說她自己的欲望會嚇死兒子？是在說自己將要死去？是希望自己是能接受各種嚇人的事情，包括兒子的欲望，但也許不行？還是說冷、熱或各種欲望，她都無法感受但也不願承認、也無能替兒子闡述是她自己的或者他的？這樣想像下去，是無邊無際並充滿各種可能的……因為母親已經不在場了，這些種種的可能便沒有著落——更遺憾的是，母親還在的時候，那或許早已發生。倒錯並非崩潰地失去現實感的精神病症狀態，那反而是個保護精神病性崩潰的堡壘，也是在空白的記憶還未取代之前瀕臨崩潰的痕跡……

如同沒有『母親與我』這種差別的情緒經驗，無法想像？『我』這個獨立真實的存在；既然不曾有過，要如何想像失去並且去找？精神病性的崩潰，會否正是藏著答案的所在？當薩瓦多說：『經過32年，阿爾貝多的演技變好了。』無疑是種精神病性的觀看方式，這背後，正是說明當時有個『現在難以承受的事』如果不在當下眼前，難道不會在當時那裡？但那裡是沒有語言的路標，有的是情感

與夢元素般的花花世界，只是那些在自我看起來『都與我無關』，因為自我得要維持那個強迫地重複的『空白』，用以在潛意識中記得母親，等待某一天能『牆破』。」（陳建佑，阿莫多瓦「導演三部曲」，《痛苦與榮耀》一路順風，謝謝你過來，真的：我知道，你到現在，都還沒原諒我）

「倒錯者創造了性神話，不再認出真實意義，就像一個重要片段被刪除的文本。

（這些缺失的部分沒有被潛抑，因為這會引起官能症；反之，它們被破壞了，就像有人在聽到壞消息時切斷電話一般）。

這個神奇的性系統是如何運作呢？倒錯者如何摧毀他們對性現實的了解，並用一種新的、虛幻的行為取代？

這所需要的原始機制在非常小的兒童中是正常的，但在成人中卻是精神病的標誌。然而，倒錯者並非精神病；因為被拒認的東西並沒有以妄想的形式加以恢復，就某種意義來說，它是透過包含在行為中的幻覺形式加以恢復。

倒錯者的象徵與創造內在幻想世界以應對無法忍受現實的能力出現崩潰；因此，必須無休止地將幻覺行動化，這有助於避免透過妄想（delusion）來療癒的危險。」（王明智，阿莫多瓦「導演三部曲」，譯自McDougall, J. (1972)

熱情氣色不曾消褪的苦與痛：
阿莫多瓦《我的母親》《沉默茱麗葉》

Primal Scene and Sexual Perversion. International Journal of Psychoanalysis 53:371-384）

　　把阿莫多瓦《我的母親》、《沉默茱麗葉》與Winnicott《客體的使用》，放在一起經驗和想像，雖有著標題做基礎，但那不是要妨礙我們的想像，期待是可以擴增想像的基礎，因此不要被標題的內容所侷限了。

　　我們的方式如先前的論述，我們不是要以已知卻有限的術語，來窄化我們對於電影裡錯綜複雜的情感，以及心身的反應。對阿莫多瓦來說，這些看似複雜的身體器官，是否錯置？或對於母親是什麼的多元樣貌？似乎都是理所當然，雖然有男子做父親後，不滿意有著陰莖在自己的身體上，而離家改變了性器官，過著另一種日子。而女人們和母親的關係，以及自己做母親時的慾望和恩怨情仇，彷彿都是人生裡必然有的戲碼，重點似乎不在於有什麼情緒或情感的診斷，而更像是因為必然的存在。

　　但是也讓受苦成為無法避開的，如果有理由避開，也可能只是人生裡的短暫，因為總會在人生的某個遭遇裡，再現那些情景，如同導演讓這部《我的母親》裡，再度穿插出現老電影《慧星美人》，和舞台劇《慾望街車》走進生活裡，不只是被影中人觀看，而且就如同那些劇情直接走進了影中人的人生。可以說是重複的必然，也可以說是

因為這些不同型式的接觸，而在悲憫和幽默，卻誇張且離奇的人生戲碼裡，展現著重複本身所擁有的，一層再一層的情感秘藏。更像是對於愛滋和跨性別的包容，和某種深度的人性的理解。

我們甚至很難說清楚這種說不清楚，但深刻感動的溫柔裡，到底蘊藏著什麼生命的活力，讓各種愛慾情仇，如同散置在人生街頭，隨時可以遇得到，反映著這些就是人生，所有人的可能性的人生。如果以生的本能或性本能來說，這些生物學式的描繪，只有在這些活生生的人生故事裡，才能如何燃燒成悲傷，卻在其中看見了活下去的渴望？好像生命的源頭，是什麼短暫或浮淺的愛情，但熱情卻不曾消褪。

其實這是不可思議的活力，我們不知道在電影外的人生，是否人真有這些淒美動力的生和死？但似乎卻又依稀覺得，阿莫多瓦的述說裡有著，人做為人，不論何種性別，何種角色，他所展現的離奇和幽默，是人生的線軸裡必然有的一條。我們還不知，在我們這些文字描繪和後續討論裡，是否能夠彰顯出這條線軸所走出來的人生，能夠讓我們萃取出多少新生的語彙，來補充我們在人生或診療室裡的無力、無助和無望時，可以觸動一些有意義的活力和想像？而且不是表淺式的讚頌，而是內心裡被翻攪過無

熱情氣色不曾消褪的苦與痛：
阿莫多瓦《我的母親》《沉默茱麗葉》

數的低吟或高昂，所自然浮現出來的讚嘆，對於失落和悲傷，有著善良、堅強、寬容和美麗在吟唱。

沉默是原名，加上了茱麗葉，讓她的身體在欲望的出路裡，似乎更有著要讓承受多年的痛苦，就是要留在身和心組合裡頭的痛和苦，也可說是一部闡述什麼是憂鬱的極佳電影。雖然我們這麼說，並不是要以這個診斷做了結，而是相反的，我們先這麼說反而是為了，不讓我們的論點只集結在憂鬱這個診斷裡。只因為如果它和失落有關，我們更想要藉由電影，來描繪出失落是多麼的活潑有力，卻也如此幽傷，牽涉生和死。雖然《沉默茱麗葉》裡，不是展現一直想要去死的那種失落，而是更想要讓痛苦是什麼，就留在痛苦裡，不要讓淚水帶走痛苦。也許他覺得淚水可能只是洗去，在痛苦上的塵埃，讓它的歷史感被洗去後，無法再因時間的流逝，而失去了層次感，讓痛苦再加上另一種苦。

依然色彩鮮艷的述說著，就算是最低潮的人生，仍是有著色彩如同母親般，讓悲慘有著視覺上的輝煌。雖然如女演員說的，「這是個很困苦的角色。在我看來，猶如落入荒涼、孤獨和恐懼的黑暗深坑中。」是喔，就是在電影中演出了，或是在角色裡生活出了，這些荒涼、孤獨和恐懼。如果要說精神分析，尤其是溫尼科特的論點，可以

派上用場做為出發點，這三種感受可以說是，溫尼科特在《對崩潰的恐懼》裡，所想要描繪的，嬰孩在生下來後不久，即開始經驗的心理世界。如果只用罪惡感來描繪這些複雜的感受，可能會是很可惜的事，雖然在外顯上有著這樣的性質，而讓她在種種偶然的因素下，覺得要花費心思找到自己的女兒，但是這麼多年的女兒的離家和未聯絡她，先前就在人生的其它事上流轉。

後來，更是在她跌倒受傷，男友來協助，男友找到了女兒曾有的一封來信，有著回憶的書寫，和現在的地址，才突然開啟了再見面的可能性。雖然很難完全預測這種難得的再聚，是種喜慶，或是另一種受苦的開始。涉及了劇情未明示的那些受苦經驗裡，所隱含的人和人的深層關係的架構，意即這種架構裡，有著什麼樣潛在的，如溫尼科特的「客體聯結」（object-relating）和「客體使用」（use of object）的相關論點。這也是我們藉用阿莫多瓦《我的母親》、《沉默茉麗葉》這兩部電影，並想要和溫尼科特的《客體使用》做聯結，嘗試是否能有更有趣的想像，或者能從這兩部電影裡，學到我們不曾注意到的觀點。

熱情氣色不曾消褪的苦與痛：
阿莫多瓦《我的母親》《沉默茉麗葉》

$$\boxed{\text{第一堂}}$$

恨的善良：當了很久的母親後，不明確的挑戰作爲客體

王明智

之一、無盡的憂鬱空間

「在一個早晨，我悄悄進入母親的臥室，卻意外地發現了一疊被剪成兩半的照片。被剪去的那一半，我想，應該是屬於我的父親。無法看到他，一股強烈的情感襲擊了我——我的生命有缺憾，就像照片失去的那一半！我渴望能夠見到我的父親，不論他是誰，或者他曾對母親做過什麼。沒有人能夠剝奪我對他的這種情感。」

電影一開始，Alberto Iglesias的配樂便像夜霧籠罩了阿莫多瓦溫柔營造的世界，霧所經之處不禁沾染些許愁緒。直覺這是一部關於哀悼的電影。

電影一開始，小班這個男孩便深深吸引我的注意，他是如此安靜，靜靜守在母親身邊，總是低著頭振筆疾書，捕捉心頭掠過的浮光殘影。

「我明天滿十七歲，看起來比較成熟。我們這些跟母

親一起住的男孩，長的比較特別，比一般人嚴肅，像學者或作家。對我來說，在平常也不過了，因為我是作家。」

電影一開始的憂鬱基調，從小班想要寫下他的母親，關於她所有的一切，卻有甚麼祕密阻礙著不讓他知道。我們可以感覺到揮之不去的情感矛盾，始於兒子，終於母親。

那撕去一半的照片，讓小班隱隱約約知道，是自己的父親。寫下母親像是要吞吃母親，既使母親不希望兒子寫下她的一切，但小班無法遏抑自己寫作的慾望；是因為透過文字，讓母親永遠活在自己心底。開場兒子便問母親：「是否會為她賣身？」關於母親的性，隱隱約約指向的第三者，還有為子賣身的犧牲，終究還是回到嬰兒陛下的優位。某種程度解決了這樣的矛盾。

然而，這個矛盾還指向，兒子對父親的慾望，希望這個失去父親的家（還有心理空間），會因為尋回父親而完整嗎？（感人的是，這種完整不是基於對於父親的理想化。而是基於父親的真實；更重要的，而帶回母親的真實。）

這個矛盾奠定了整部電影的失落與憂鬱，透過母親幫逝去兒子的尋父之旅，卻意外地讓母親更加完整。

熱情氣色不會消褪的苦與痛：
阿莫多瓦《我的母親》《沉默茱麗葉》

之二、雖死猶生的小班

本來母親打算在小班（Esteban）十七歲生日那天告訴他的父親是誰，未料當天發生意外車禍，小班當場喪命。母親曼紐拉（Manuela）朝被撞倒地的小班奔來，大雨滂沱，導演使用倒地小班的主觀鏡頭，望著媽媽朝他奔來，不管母親如何聲嘶力竭，母子已天人永隔。

就在這時，導演帶入小班筆記的唸白，彷彿小班依然在世。

失去親人者都會知道，好長一段時間，理智上知道親人已然過世，但情感上卻覺得親人彷彿還在世間；有人會說，親人還生活在不知名的某處。這種無比真實的感受，隨著曼紐拉同意捐出兒子的心臟，戲劇與人生已經無分軒輕（或者說，人生比戲劇還要戲劇），那是因為曼紐拉之前便在器官捐贈中心擔任護士，扮演過家屬角色。

果然，曼紐拉不惜違反倫理，偷偷探望兒子的心臟捐贈病人，此時兒子的旁白再次出現：

「昨晚母親給我看年輕的照片，照片缺了一半，但我不想告訴她，我人生也缺了一半。」

這段情節充分體現了客體的影子不忍離去，投影在主體心理；小班雖死猶生的話語，此刻也化為主體的心情，

推動著曼紐拉離開馬德里，只為完成兒子的遺願。

「十七年前，我也進行了一樣的旅程，反方向，當時是從巴塞隆納到馬德里。當時我也在逃避，但不孤獨。我肚裡懷著小班，當時我在逃避他的父親，現在我打算去找他。」

之三、換心手術

女演員如煙（Huma Rojo）與曼紐拉第一次見面遺落了心型項鍊，曼紐拉幫她找回，很快地曼紐拉成為她的助理，幫她找回自己的心。

這個簡單的動作呼應了曼紐拉將小班的心臟捐給換心手術的病人，讓垂死的病人復活。不僅病人復活，小班還為此長存曼紐拉心中，兒子的心願驅動著母親踏上尋父之旅（在這裡可以看到侵入式投射認同的主題，後面再詳述）。

當曼紐拉帶著兒子的心願重返巴塞隆納，火車穿越隧道時，我們會有一種兒子潛入母親身體腔室的感覺，像是從小班的角度望進曼紐拉身體內部，想像著曼紐拉。

因此，之後的巴塞隆納，還有後續發生的種種情節，或許我們可以將其視為小班對母親的內在幻想。這是一個

熱情氣色不曾消褪的苦與痛：
阿莫多瓦《我的母親》《沉默茱麗葉》

經過兒子內攝進來的自體客體，重新想像母親過往的經歷，建構一個新的敘事版本。

之四、女性主義夏令營

阿莫多瓦將這部作品獻給：

貝蒂‧戴維斯、吉娜‧羅蘭茲、羅密‧施耐德……獻給所有演過女演員的女演員，獻給所有演戲的女性，獻給演戲並成為女性的男人，獻給所有想當媽媽的人，獻給我的母親。

有影評人說：看《我的母親》像是走入政治正確的夏令營。

如果你仔細注意，這個夏令營男人幾乎缺席（少數存在的男人角色扁平，或者衰老失智），在夏令營中，充分體現了girls help girls，甚至帶著單偶制無性生殖的潛意識幻想。

這裡充滿了母親與小孩的融合配對，這種配對並非兩人關係，更像是一人的自戀關係。

因此，羅莎對曼紐拉說的話令我印象深刻，當時羅莎為自己即將出生的寶寶取名為小班二世（Esteban），曼

紐拉又驚又喜，同時也暗帶傷心。

　　羅莎：紀念妳的兒子，這兒子屬於妳跟我。
　　曼紐拉：但願如此，希望世界只剩妳跟我，無牽無掛
　　　　　　的。我只要妳，跟妳的兒子……

　　在這種歡欣鼓舞又無限溫柔的氣氛下，的確，《我
的母親》充滿了許多無法與母親分離的小孩：如煙、羅
莎都是被曼紐拉照顧的小孩，兩人也都跟女性熱戀（包
括史黛拉與男跨女的大班Esteban／同時也是後來的羅拉
Lola）。
　　小男孩因過於認同母親而產生的女同性戀幻想（包括
羅拉及小班之於曼紐拉），在在都說明了那種把父親排除
在外，母親與小孩全然占有彼此的甜膩世界。
　　當我再度回顧電影，意外地發現，在曼紐拉對羅莎說
出單偶生殖的幻想後，其實下一句話是：
　　曼紐拉：但妳有家人，羅莎。

　　於是，這種甜膩到了後來慢慢地變得忍無可忍，曼紐
拉從容忍丈夫（大班）變性，到大班到處勾搭男人卻不允
許她穿著清涼；曼紐拉逐漸地感受到自己的女性氣質被丈

熱情氣色不曾消褪的苦與痛：
阿莫多瓦《我的母親》《沉默茱麗葉》

夫吞噬，才會有後來的帶著肚子裡的小班出走。

　　另一種無法忍受是電影一開頭的小班對父親的探問？在在說明了這種近乎自戀的母子融合，可能在某一個時間點會滋生出恨意，這是一種怎樣的恨意？是本文所要理解的地方。

之五、被母親拋下的小孩

　　片中也充滿了被母親拋下的小孩：開場不久，小班向如煙索取簽名被拒，當場車禍橫死，我們也可以說這反映了被母親拒絕的小孩內在的崩潰瓦解。

　　羅莎的母親只關注自己的偽畫與先生（另一個巨嬰），叨唸羅莎小時候就像外星人，無法理解成年身為修女的她為什麼她要到薩爾瓦多？還有成天與毒販妓女混在一起？

　　她們單向的對話顯示出母親對孩子的無法理解以及拒絕；片中有一場淒美無比的戲，羅莎在廣場遇見失智的父親，結果父親全然認不出她。

　　當時要去就醫的羅莎希望司機載她到兒時常去玩耍的廣場，偶遇父親帶著愛犬沙皮出現，很快地沙皮認出羅莎，狂奔過去：

父親：這狗隨便跟人家走，妳有養狗嗎？

羅莎：沒有，但我很喜歡狗

父親：你幾歲了？

羅莎：26歲

父親：多高？

羅莎：不高，168cm。

（講到這裡，羅莎水汪汪的大眼睛滿是哀戚）

父親：沙皮，走了！

羅莎：沙皮乖，跟爸爸回去。

然後羅莎低吟：再見爸爸。

另一位是從男跨女的羅拉（顯而易見，羅拉尚未割除陰莖，因此可以跟羅莎性交），眾叛親離的她，一出場的戲，也是無以倫比的淒涼，愛滋病末期的她唯一的心願，就是湊錢回返老家（布宜諾斯），或者看看羅莎為她生下的小孩。

之六、瘟疫的隱喻

當羅拉出現在羅莎的葬禮，只能遠離人群，一副近鄉情怯的樣子。

熱情氣色不曾消褪的苦與痛：
阿莫多瓦《我的母親》《沉默茱麗葉》

帶著墨鏡的羅拉，是因為害怕別人認出她，還是害怕自己看清楚現在的自己？

　　拄著雨傘的他，步履蹣跚，身軀已經非常羸弱。

　　只有曼紐拉認出她，義無反顧地朝她走去。

　　曼紐拉：妳是駭人的瘟疫！

　　羅拉：我過去太放縱，但我現在已經累了。曼紐拉，
　　　　　我快死了，過來。我是來跟大家告別的。

　　我洗劫阿樂多，是為了回阿根廷的旅費，我想看這地方最後一眼。河流、街道，我也很高興可以親口跟妳告別。我現在必須見羅莎修女的兒子，我的兒子。妳知道，我一直渴望可以有自己的孩子。

　　曼紐拉鼓足勇氣說：離開巴塞隆納時，我懷著妳的孩子。

　　羅拉：真的嗎？妳有生下他，他在哪裡？

　　曼紐拉淚水滿面：他在馬德里，妳見不到他。

　　羅拉：就算遠遠看一下也好，我保證我甚至不會讓他
　　　　　看到我。這是我最後的請求。

　　曼紐拉潰不成聲：妳無法見他。

羅拉：曼紐拉，算我求求妳。

曼紐拉：半年前，他出了車禍，他死了。我來巴塞隆
　　　　納只是爲了告訴你，對不起，對不起。

　　曼紐拉跩下羅拉離去，留下羅拉獨自在熾陽苦風中泣
不成聲……。

　　羅拉被當成瘟疫一般讓人恐懼，甚至憎恨，因爲她總
爲關係帶來混亂，甚至會威脅到主體的生存（偷錢、勾搭
男人等……）。這種情緒映照著羅拉愛滋感染者的身分，
還有人們對愛滋病的汙名與恐懼。如果我們暫時撇開政治
正確，愛滋病在這裡成爲某種隱喻，似乎是一種「因爲愛
得太多而無法分離的病」，弔詭的是，因爲無法分離我們
的愛就成爲一種主觀的一人式的愛。換句話說，就變成無
法眞正去愛的一種病也因爲沒有準備分離，當眞正的分離
到來，總是駭人得撕心裂肺。

　　阿莫多瓦在這裡展現他的溫柔，因爲在下一場戲，那
些來不及說的分離，在咖啡館的溫柔時刻，曼紐拉帶著小
班的照片及筆記本，以及尙在襁褓的小班二世來見羅拉。

　　有趣的是，羅拉在這裡對小班說：「爸爸來了！」在
這裡，性別也有了某種分離。

  熱情氣色不曾消褪的苦與痛：
阿莫多瓦《我的母親》《沉默茱麗葉》

之七、分離：恨的善良

Manuela有三次離去，每一次離去都是基於對於主體無法分離的恨意，如何處理這種恨意，變成一種恰到好處促進成長的契機，可謂是身為母親的善良。

第一次離去，曼紐拉彷彿希望身為父親與先生的羅拉回歸到他作為伴侶的位置？希望她可以離開那個認同母親的小男孩幻想位置。無論如何，這樣的離開，是因為受不了先生在認同過程中所產生沒有界線的關係，想離開伴侶關係中再現母子融合的困局。因著過於甜膩而採取的斷然決絕。

與兒子在馬德里重新展開生活的曼紐拉，依然重覆與兒子融合的關係；而小班對生父的探究，似乎準備好要跟母親分離。無法分離的曼紐拉，或者過於創傷地承受分離的曼紐拉，在死去兒子的（潛意識）意志下，依然踏上了分離後的自我追尋之旅。

隨著兒子死去，曼紐拉表面上似乎有什麼東西死了？彷彿隨著兒子的死去，過於融合而看不清楚彼此的那部分死了；轉而那個因著分離，而新長出來，如此有生命力，想要探索生命的那部分卻活了過來。

所以，第二次離去，除了是一場哀悼之旅，也是一場

找回自己的整合之旅。

　　然分離如此艱難，透過如煙在舞台上扮演的角色鏡映著曼紐拉喪子的處境，劇中母親形容孩子倒在血泊中，自己像是母牛舔拭小牛般，舔拭著小孩的鮮血。如此綿長的悲傷也意味著濃到化不開的母子融合，分離的過程因此成為巨大的創痛。唯有透過不斷地鏡映與陪伴，就像這部電影諸多女性角色給予曼紐拉的抱持，才有機會一點一滴地拉開曼紐拉與兒子的距離，爾後，真正的分離（與心靈自由）才有可能發生。

　　第三次離去，原本是曼紐拉要救贖不被外婆接納的孫子小小班；然而，這一次終將有所不同，小小班體內的愛滋病毒神奇消失，暗喻著某種治癒，似乎真正的分離發生了。

　　電影最後，曼紐拉重回巴賽隆納，但這次不是斷然離去，而是分離之後的久別重逢，曼紐拉一方面到巴塞隆納出席愛滋治癒的研討會，另一方面將小小班帶回與外婆重聚。

　　電影最後，當曼紐拉在如煙的化妝室再次看到愛子小班的照片時，可以將照片保留給如煙（像是某種祝福），自己揮揮衣袖不帶走一片雲彩。

　　這讓我想到一句話：所有的相遇都是為了久別重逢。

 熱情氣色不曾消褪的苦與痛：
阿莫多瓦《我的母親》《沉默茱麗葉》

人與人之間的眞實交會，從來就是在融合與分離兩端不斷遊走的過程。最後才會成就單獨的能力。

之八、侵入式認同

這部電影充滿了對於各種經典的致敬與互文，比較著名的有田納西威廉斯的《慾望街車》，還有電影《彗星美人》（all about eve）。

片中女演員如煙爲了模仿《彗星美人》的貝蒂戴維斯開始吸煙，這是一種對貝蒂戴維斯的認同；爾後也在曼紐拉認同慾望街車的史黛拉角色，進而將《彗星美人》貝蒂戴維斯被女秘書夏娃取代的情節，轉爲取代如煙情人妮娜進而飾演史黛拉一角的變奏。

透過曼紐拉的回憶，大班後來也認同曼紐拉，變成羅拉後取代曼紐拉，開始勾搭男人。這種侵入性認同，彷彿兒子住進母親身體；也呼應了曼紐拉在離開大班後，以大班的名字命名兒子，於是有了某種倒轉，換成母親住進兒子心底。

在亞太研討會經由Tomas Plaenkers的報告首次接觸到Meltzer關於幽閉的概念（claustrum），延伸了克萊恩侵入式認同的理論。在討論中讓我想到一部香港電影，

楊凡所拍攝的《桃色》，或者更早的經典《倩女幽魂》，日本的《咒怨》。

在這些原型式的電影裡，我們總會看到一個幽閉空間（鬼屋），裡面母子沒有分離，都會透過兒子（或女兒：小倩）來勾引闖入者，進而攻擊或者吞沒任何闖入者。這些故事代表著對於分離，還有外在現實與真實的否認。

Tomas Plaenkers還提到一部電影《變腦》，一群人進入演員馬可維奇的大腦中，享受變成他的冒險與快感；生動地說明了我們會把自體的某些部分投射到客體中（身體裡），全能地掌控這個客體。

Tomas Plaenkers繼續論述幽閉的概念，類似於John Steiner（1987, 1993）提出的 psychic retreat；透過這種侵入性投射，主體得以撤退到母親的身體內，那裡沒有分離，也沒有難以承受的精神現實，當然也可能是因為經驗到迫害而躲入裡面，但那之前或許主體已經施虐母親。

侵入性認同一方面剝奪了客體的獨立性並損害了客體。作為入侵者，自體的入侵部分總是害怕被發現，就像一位冒牌貨。治療師往往會在這裡變成被孩子入侵的母親，不自覺地與個案共演著暗無天日走不出去的融合與寄生關係。另一方面，治療師作為一個闖入者，往往會被個案強力的攻擊加以毀滅。或者透過行動化共演，去重現個

熱情氣色不曾消褪的苦與痛：
阿莫多瓦《我的母親》《沉默茱麗葉》

案無法承受的內在世界。

王明智
諮商心理師
臺灣精神分析學會會員
《小隱》心理諮商所所長
臺灣精神分析學會推薦精神分析取向心理治療師
臺灣精神分析學會影音小組召集人
松德院區《思想起心理治療中心》心理治療督導

與談人：邱顯翔

　　剛看完電影的我在沉澱了幾個小時之後，就直接投入到與談的書寫中，坐在電腦桌前面的我，盯著一個個演員名字出現在眼前，腦中也仍然還在思考著最後在告別式上，女主角Manuela對著Lola說著的對不起，我困惑著這個對不起，是因為覺得沒盡到一個母親保護兒子的責任嗎？又或者是這些年來將父親Lola的事情，隱藏於兒子生活中的罪惡感？是不再與Lola聯繫？又或者是這樣不斷逃離又回來的自己，這些年的愛與恨？

　　回到電影的一開始，看著那份母子之間的互動，彼此一起進行著一些活動，看電影、吃飯、出席舞台劇等等，冥冥中看似平凡無奇的母子互動，舉手投足之間卻又好像在這樣的過程，感受到兒子對於母親的那份愛是很強烈的。

　　「你會為了我去路上當妓女嗎？」Esteban問著，「我已經為你做的足夠多了。」

　　Manuela回應著。看著這段的我，思考著這對母子之間的愛到底是什麼？母親對於兒子的語帶保留，卻又不是那樣的冷漠，而是盡可能滿足兒子的所有要求；兒子對於

熱情氣色不曾消褪的苦與痛：
阿莫多瓦《我的母親》《沉默茱麗葉》

母親的好奇以及窺探，就連創作都想以母親做為發想書寫成一部作品。這些都不禁讓我好奇著那份愛過於的濃烈、過於矛盾的愛到底是什麼？

直到舞台劇結束後的傾盆大雨，站在雨中的兒子問了母親關於父親的訊息，那其中的探問、失落、罪惡、羞愧好似也隨著大雨迴盪著、滂沱著、傾瀉著，也填滿在母子之間。彼此之間靠近的狀態也因為那份對於父親缺席的不明確，那份愛濃烈背後的恨也逐漸升起，像是兒子用力唂食著母親的乳頭，也更在兒子被Huma拒絕簽名之後，衝向計程車之後開始放肆的四處流竄。

即使母子之間並無好好的表現出那種恨、那種直觀的破壞，卻也在一次又一次對於這樣不明確的挑戰之下，將背後的羞愧罪惡感表現的毫無保留，最終落到了兒子的死亡，一個不被滿足的失落與潰堤。

兒子在意外去世將心臟移植給了另一個人，母親也特意在翻閱檔案資料之後，飛到了那座城市見證了接受移植者的出院。看著從失去、決策、到見證受移植者出院的過程，我不禁想起在兒子生日前一晚，母親為兒子閱讀著生日禮物Music for Chameleons序言中的這句話：「我不知道我已經將我自己的生命，鑄鍊在一個既又高貴卻也冷酷無情的主人手中。當神將一份禮物交給了你，祂也同時

給了你一條鞭子，而那條鞭子的唯一目的，就是拿來自我虐待。」。

　　兒子心臟的得以延續，看起來就像是神給予母親的另一個禮物，然而卻也是不斷拿來提醒自己兒子已經過世的一條鞭子。飛回到了過去曾經待的城市巴塞隆納，失去兒子的同時，也想找回那個在兒子面前難以被提起的父親Lola。不禁令我想到佛洛伊德哀悼失落所提到的灌注，當失去客體之後，轉向其他客體灌注的那個狀態，Manuela曾經的巴塞隆納，看似熟悉，卻也成爲了一個很不明確的客體。坐上計程車之後，沿途經過的隧道、皮條客、乳房、施虐等等，更是將那愛背後的恨與慾展露無遺。

　　我思考著題目恨的善良是什麼意思？是母子之間即使知道父親缺席的恨，卻也還是不斷照顧著彼此狀態的樣子嗎？還是即使哀痛著兒子的離世，卻也還是願意將心臟捐出去的這個決定？隨著回到巴塞隆納的Manuela，與Agrado的重聚以及與Rosa的認識，好像才慢慢地更有想法以及連結。

　　與Agrado之間的關係互動，拯救不被他人性侵、幫忙做早餐、介紹工作，好像也都是一種愛，一種成爲母親的角色，或者說因爲太習慣母親的角色，一不小心就將熟悉的朋友狀態轉變成了母親的位置。尤其看到電影中期的我

熱情氣色不曾消褪的苦與痛：
阿莫多瓦《我的母親》《沉默茱麗葉》

一直不太理解爲何Manuela會這麼的恨Lola，甚至在知道Rosa腹中的孩子也是Lola的孩子時、知道Rosa因此患上HIV時的那種憤怒的表現，那到底是什麼？

對於還未看到後面的我來說，即使感受到了恨，也感受到了對於Lola的這個客體有的是更多的矛盾與衝突。我最先思考著Manuela與Rosa之間的那個互動關係，尤其在知道了Rosa與Lola之間那些的事情之後，對於Rosa懇求著搬進與Manuela一起住的這個過程，好似Manuela也正在經驗著那個恨，她恨著Lola與Rosa之間先前的互動關係；恨著Lola的拋棄與消失；也或許恨著在失去兒子之後Rosa，卻可以帶著新的生命繼續往前。而在之後理解到Rosa無處可去之時，還是允許她搬進了自己的空間之中，過程中的那份矛盾又到底是什麼？

直到一再跑進劇場，看著與兒子生前看的那部最後一場戲，並且與Huma相遇之後，我才得以理解那個狀態到底是什麼？或者說我想像到的理解到底是什麼。那場戲不斷地再演著那段，「我不要再待下去了、我要離開了、我要逃開了」的故事，然而說著這些台詞的演員，手中抱著的是一個才剛出生的小嬰兒，我想著那個小嬰兒那不正是恨背後的善良嗎？

嬰兒好似那個同時被恨著、卻也同時代表著善良的合

成物，眼中看著恨著的人的孩子，但卻也是自己的孩子，是自己愛著的孩子，照顧著Rosa、照顧著之後出世的嬰兒Esteban，好像都是同時著在恨著這些客體，卻也同時愛著他們。我想著溫妮考特說到的那種破壞、摧毀的感覺，再失去客體之後，將這些留下的、收回的重新灌注到一個新的客體中，然而這個客體卻是未知的、是不明確的，卻也從這段經驗中去逐漸看見那背後的善良，說到這裡也讓我想到的是比昂的容器，好像不斷攻擊破壞的同時，容器中的Alpha功能也正消化著，慢慢地看見自己對於Lola的恨之後、對於兒子去世的哀傷之後，才得以可以好好地感受到一點什麼。

這或許也是一種慢慢過渡的過程吧？慢慢地將彼此之間那種黏膩的感覺，逐漸分開一點的過程，如同Manuela與Lola之間、Huma與Nina之間、Rosa與母親之間、Agrado與自己之間：一種在關係中不斷衝撞、不斷攻擊、不斷摧毀之後的活下來。

「我將我的手浸泡在兒子的血泊中，並隨後舔著，我並不會感到噁心，因為那也是我的血、是我兒子的血。」

Huma最後在排演時說的那句話，也浮現在正在書寫這段文字的我的腦中。回頭思考著我開頭提到的那個對不起，當聽到之後的自己也深深地為Manuela的淚水感

熱情氣色不曾消褪的苦與痛：
阿莫多瓦《我的母親》《沉默茱麗葉》

動著，那好像也是一種好不容易說出來了，一種好不容易在攻擊之下存活的說出來，是一種我終於理解了、我終於看懂了之後的說出來。曾經的巴塞隆納仍然未知著，然而Manuela好似也在這個不明確挑戰的客體之下，逐漸地在摧毀之後，慢慢地得以分辨出巴塞隆納的存在，過去的那些經驗也得以再一次重新被思考、被經驗。

最後，我想到了電影的一開始，似乎也在器官捐贈的場景時，便一直不斷在暗示那樣在恨、在死亡中的善良，也就是捐贈器官的這件事本身，述說著失去了生命的恨、失去了客體的恨，成為了可以使得另一個人活下去的善良；中期電影才交代的丈夫的失去、兒子的死亡、甚至是在這之中不斷來回，那對於恨的破壞以及迷失；在這些不斷破壞以及存活之後，才終於在電影的最後，自己也再度成為了，一個新的母親。

邱顯翔

諮商心理師

國立臺北護理健康大學 生死與健康心理諮商學所碩士畢

台北市立聯合醫院松德院區思想起心理治療中心 全職實習心理師、臨床學員

愛的堅強：準備成為母親前，秘藏的生命熱誠做為客體

陳瑞君

　　大部分的人在觀賞電影或閱讀文章時，總不免要想這部片或這本書，在跟我們溝通些什麼，有時候就如同治療情境中我們也不時問自己，深怕漏掉個案的某些重要訊息而未及時處理。至於治療室的兩人關係裡是否要如此的應接不暇，在這個年代溝通一直是顯學，不溝通曾為人帶來了很大的災難，不論是在國與國之間、人與人之間或人與自己之間。

　　溫尼考特1963年的文章《溝通與不溝通》一文中，則試圖讓「不溝通」現身說法，在人的核心及本質中對非溝通（non-communicating）有不同的看見：

　　「我認為，在健康的面向上，人格有個核心，與分裂人格中的真我相對；且我認為，這個核心永遠不會與被感知客體（perceived object）的世界溝通，以及個案知道它永遠不會與外在現實溝通或受到它的影響。這是我的主要觀點，這個思考點是一個知識世界和本文的中心。

雖然健康的人溝通並享受溝通，但另一個事實也同樣正確：那就是每個個體都是一個孤立的，永遠非溝通（non-communicating）、永遠未知（unknown）、事實上不被發現（unfound）。」（1963，p.187）

溫尼考特進一步再指出，人使用非溝通（non-communicating）來建立自體核心的真實感。他進一步說明：

「我認為，在各種藝術家身上，人們都能發現一種內在的困境，這種困境屬於兩種趨勢的共存，一種是迫切需要交流，另一種是更迫切需要不被發現。」（1963，p.185）

類似的觀點，溫尼考特早在1958年的文章《The Capacity To Be Alone》就意識到一個人是否擁有「孤獨的能力」是建基在早期階段，即某人在場時仍能獨處的經驗；暮年的他在1963年的文章《Communicating and Not Communicating Leading to a Study of Certain Opposites》則強調人的本質（human nature）、存在感（going on being）的不可或缺、自體（sense of self）成熟發展的深遠看見。

在1963年的文章中溫尼考特說明了人在本質上都有「非溝通需求」的面向，在於這非溝通的背後，人不想受

熱情氣色不曾消褪的苦與痛：
阿莫多瓦《我的母親》《沉默茱麗葉》

到被發現、被改變、或被溝通的威脅。

　　換言之，非溝通的需求申張著不被侵擾的權力，這是做為一個人的自體核心。雖然如此，溫尼考特的悖論也說明了這是一場複雜的捉迷藏遊戲，「躲藏起來是件快樂的事，但沒被發現則是場災難」（〈溝通與不溝通〉，p.186）。

　　我回頭想想，導演在思考要揭示多少的訊息於其中，是否也在溝通「準備躲藏」與不溝通的「不被找到」之間，維持著一種奇妙的平衡。市面上大部分的影評是傾向於透徹的解析片中的情節或角色來展現某類領悟，然而較不是試著以心理史觀的方式側面領略片中導演如此鋪陳背後的情感或理路。

　　Ogden（2018，p.1294-1295）同上的一篇文章裡，繼續引申及推敲著溫尼考特對於「躲藏起來是件快樂的事，但沒被發現則是場災難」的想法，他試想著關於「『發現』一詞指的是一種被認識，但沒有被暴露的狀態……而這個複雜的捉迷藏遊戲需要被認識，但不暴露也是眾所皆知的。」但且，我們試循著Ogden的概念來看電影（或文學），或許都需要用一點溫柔的態度及同理的心思，去發現與認識劇中導演嘗試讓角色處於既想溝通又想要保有獨立、神聖而不溝通的真實感，讓這場捉迷藏還可

以繼續玩下去。

一、Prelude：如煙（Huma Rojo）——生於如煙，死於如煙

「如煙」一個頂著澎厚的橘紅色及肩捲髮，身著豔紅華麗裝扮，臉上塗有情緒分明的濃妝，骨子裡帶有脆弱與矛盾的性格，她也是一名年齡熟成且成名的女伶。她不工作時總是煙不離手，輕煙裊裊的煙霧從如煙口中吹出一陣繚繞又迅速消逝無形，她給自己一個藝名「如煙」，她說「我這一生就如一縷輕煙。成功無臭無味，習慣後，就像不存在一樣。」

可以說如煙這個角色的存在，以極小幽微的關聯性架起了小班的一生，包括他的起始與終結，也架起了他的兩端，包括他存在的母親與不曾存在的父親。小班的出生與如煙有關，小班的死亡也與如煙有關，卻只是遙遠的「相關」（object-relation）——小班的父母初識於《慾望街車》一劇的合作，小班在與母親在欣賞完該劇散場後，在大雨中等待及追逐著索取女伶如煙的簽名，象徵的是對自己歷史的具身追寫，直面的是父不詳的具名追捕。但卻在這場自我追尋中遭遇橫禍，依然是孑然一身的從如煙似幻

熱情氣色不曾消褪的苦與痛：
阿莫多瓦《我的母親》《沉默茱麗葉》

中的一生離開。

　　單親媽媽曼紐拉（Manuela）與卽將滿17歲的兒子小班一直以來過著互爲依賴的生活，小班個性內斂易感、擅於觀察省思，沉靜的日記上駐留著小班的文字，那些文字旣像是第一口吹煙般的濃緒心思，頃刻間便會消散收尾於無形的淡淡痛楚。

　　沉靜與堅毅的小班心裡面有不曾斷開的裊裊炊煙，有人曾說天空中有炊煙之處必有聚落，在這些輕煙迷霧的瀰漫裡，有著連他也找不著的聚落—那些關於他父母、關於他自己、關於他的父的炊煙落腳。弄不清楚父爲何不詳的小班，他與世界只有如煙般關係，存在又不存在，無法實實在在建立在客體使用的關係上（object-usage）。

　　小班的人生至今已走到第十七年了，他在影片中說「我們這些跟母親住在一起的男孩……」，口氣裡有一種不知爲何的哀嘆，或許小班想理解爸爸就不禁還是得從母親的口中、過往的生活、母親的心裡開始探詢關於從未謀面的父親的蛛絲馬跡，父不詳的小班似乎個人的歷史永遠只有一半。小班在生日的那一天在日記裡寫下，要對母親說的話，同時他也眞的對母親親口詢問：

　　小班：總有一天，妳要告訴我爸爸的事，妳只告訴我

出生前他就死了，這並不夠。

小班：我想問妳他的事，作爲生日禮物。

母親：不好說。

小班：我想也是，否則妳早就說了。

二、被動與心智化（Passivity and Mentalization）

小班感知到了母親的踟躕不前，而且與父親的停頓已長達了十七年。母親對父親的絕口不提，或許一直將小班綁在兩人的空間裡，也無法突破或前進，當他企圖與母親的對話裡欲拉出第三個者存在的空間時，母親也只是淡淡的回應說「不好說」。

Aisenstein& Papageorgiou（2018, p476）延伸了Fain的說法，他提到「嬰兒沒有能力構成一個主動的，也就是母親情慾的客體；因此，當媽媽作爲一個女人，也是爸爸的情人時，這個女人作爲一個情人（the woman-as-lover）審查的重要性，這類的關係在嬰兒早期的心智中早已銘刻著撤資（decathexis）與情慾慾望（erotic desire）的邏輯，與此同時，嬰兒作爲父母關係的第三方，需要學習繞道，延遲，等待的必要性，也是爲了能在生活中找到滿足和希望。Aisenstein認爲這種受虐挹注的

熱情氣色不曾消褪的苦與痛：
阿莫多瓦《我的母親》《沉默茱麗葉》

等待（masochistically cathected waiting），有助於我們理解從一廂情願的迫切需求，轉變爲思考能力的孕育與發生。」

第三方意味著能使自己被放置在「被動」的位置，而這個位置上才有心智化的可能。就如同退居到孩子的位置，在這個位置上的等待與延遲、孤寂或寬慰都已是一種多重現實的存在方式。即將滿17歲的小班，看過母親年輕時的多張照片，它們總是被撕下了一半只獨留母親身影，失去的那一半也讓他找不齊自己。

他與母親併坐在客廳看著電視劇《關於夏娃》時，小班評論著說：「那聽起來怪怪的。」

小班：妳會爲我賣春嗎？
曼紐拉：爲了你，我願意付出一切。

小班突然插入的這段對話跳轉至關於母親的另一個從未出現過的面向，「賣春」牽涉到了性，小班似乎主動將「性」加入母親身爲女人的需求面向裡，母親除了是母親角色之外，母親還可以是什麼？是否也還有可能是個有情慾的女人？如果母親也還是個女人，那麼母親的心智中是否能找到父親的影子，或對其他男人的心思。

但是，「爲了你，我願意付出一切。」的答案意味著母親曼紐拉，其慾望的客體還是指向兒子小班，她的意願是爲了「兒子」而有的身體上的性，但不是以她作爲一個女人需求上的性。我想這個回應是否會讓小班感覺到生氣，曼紐拉不僅要抹去他父親的位置，還想要全能的抹去小班在這個位置上的掙扎，當曼紐拉這麼回應的時候，是要讓小班也不見，完美的全能的媽媽會讓大家可以都不見，無論自己怎麼掙扎、怎麼扭打、怎麼破損、怎麼撕裂、怎麼羞辱、怎麼挑釁……都會在完美媽媽的巧手，讓這些缺口全然的消失與消音。

　　關於是一個媽媽，還是一個女人，對孩子在發展上的重要意涵是多重的，母親在Winnicott的理論概念裡，是孩子成長過程裡不可或缺的存在，早期嬰兒絕對性的依賴的需要是母親所以提供的必要環境，讓嬰兒在抱持性的環境中逐步的長大，而母親也可以逐漸的退位。但似乎死守在母親這個位置上的曼紐拉，母子關係彼此的緊緊的被綑住，只是小班並不想要止步於此。Seligman（1982）說明「缺席的父親和過於在場的母親」來描述這個類群。由於父親的缺席而導致母親對嬰兒的生活過度參與，然而這對嬰兒是一種自我（ego）傷害，這樣做的一個後果，是在以後的生活中難以分離（Mann, 1993, p.302）。」

 　熱情氣色不曾消褪的苦與痛：
　　　　　　　　　　阿莫多瓦《我的母親》《沉默茱麗葉》

Aisenstein & Papageorgiou（2018）在《Mentalization and passivity by Michel Fain》一文裡則提到關於母親的離開及退位，帶給孩子的另一番的重要的精神時刻（the psychic moment），文中寫道：

「當母親轉向離開孩子，再次成為父親的情慾客體（erotic object）。當一個細心滿足的母親安撫孩子入睡時，她所發揮的審查功能（censorship）傳達了兩個訊息給孩子：第一個是需要睡眠，以恢復體力和恢復身體的自戀，這具有自我保存的價值；第二個是母親想要與孩子分離，以便在性方面重新加入父親。而透過與成為情人的母親接觸，會產生一個雙重認同：與父親─父親的陽具──母親愛的客體；從而構成了歇斯底里認同的精神雙性戀。缺席的第三者，沒有被察覺，因此在精神上被視為母親的幻想。……在Fain（Kreisler, Soulé、Fain, 1974）的概念裡，由於關於缺乏情慾幻想及性的第三者性質的缺乏，母親對懷裡嬰兒的搖晃變成了一個重複、強制性、純粹機械化和操作性的活動，從而創造出一個無盡的自我安撫興奮的循環。嬰兒入睡不是因為滿足，而是因為疲憊（p. 475）。」

三、父不詳是什麼概念？

父不詳，變成了小班生命中一個重複、強制性、無盡自我安撫興奮的搖晃，或許他的無法停筆不是因為滿足，而是因為從媽媽的身上尋找不到父親影子的疲憊。曼紐拉母代父職的把小班養大，自己既是需要回煮飯的母親又是需要上班維持家計的父親，這般全能自戀的化身，一直到兒子挑釁的詢問她「妳會願意為我賣身嗎？」這句話的意味裡，似乎隱含著他想要敲醒曼紐拉的自戀，讓她回到身為一位女人的角色，他要媽媽讓出位置，且回到一個女人的位置，失落及缺口的那個父親的位置才會帶來出路，即使是空椅。

小班拒絕照單全收媽媽對他的全然奉獻。Soares（2012）在一文中引入「Jacques-Alain Miller（1998a）在《女人與母親之間的孩子》（The child between woman and mother）一書中提出的觀點：如果只有孩子才能為母親帶來滿足，那麼孩子在父母眼中就會變成一個毫無價值的客體，甚至會囚禁成為母親幻想中的一個客體」（p.59）。

小班沉靜的在日記裡，在他十七歲的生日當天寫下：

熱情氣色不曾消褪的苦與痛：
阿莫多瓦《我的母親》《沉默茱麗葉》

「我們這些跟母親住一起的男孩」

「昨晚，媽媽給我看了一張照片，照片缺了一半，媽媽不想告訴那是爲什麼；但我知道，那是我生活中缺少的部分。」

「今天早上，我翻了她的抽屜，發現了一疊照片，全都是缺了一半的；是我父親，我猜。」

「我不想告訴她，但我的人生也全部缺了一半」

「我要讓媽媽明白，我不管他是誰、不管他是什麼模樣，對她做了什麼……」

「她沒有權力阻止我們相認。」

「Loewald（1951）點出了父親角色在三角關係裡的關鍵性角色，他將父親的角色等同於現實感的發展。父親作爲孩子認同的客體，以保護他或她正在形成的自我（ego）免於受到母親或子宮吞噬的誘惑。由於父親的缺席，對父親的認同的失敗意味著認同的失落，分化的喪失和現實感的失落。如果沒有父親來認同孩子，就會有更大的風險，回到自我（ego）產生的無結構的統一中」（Mann, 1993, p.303）。而父親存在所代表的現實，是母親與孩子分化的現實，是我與非我的分野。

劇中在曼紐拉失去兒子後，帶著兒子的遺願回到當

年她隻身逃開又孤身回來的地方巴塞隆納，她認識了如煙與妮娜這對女同志伴侶，妮娜染上海洛因的毒癮，像是一陣捉摸不定的風，不定時的消失及出現全受控於毒癮的狀態，煙與風就像是她們倆的關係寫照，雖然如煙的才華洋溢及聲名大噪，但本質上卻迷戀於極不穩定的親密關係，成名立萬的如煙無法讓自己立足於這個世上。

　　曼紐拉認真的問過如煙說「為什麼不送妮娜去戒毒？」如煙說「她中了海洛因的毒，我中了她的毒。」如煙依賴的是既離不開，也依附不了的脆弱關係，她中了一種既照顧不了、負荷太重的關係且不斷會經歷到無助失望的毒，她常掛在嘴邊的話是「我一直都依靠好心人的善意而活」，這句話點出了如煙內在的無依無靠，對他人只有微弱的指望，這與她在工作及社會上的成就相去甚遠，這是如煙外強中乾的寫照。

　　當曼紐拉回到巴塞隆納尋找小班的父親，也代表著她退居於第三方被動位置的角度，除了陳年的母職之外，她在巴塞隆納孕育出不同的視角。例如，曼紐拉看出了那位場場爆滿、讓觀眾如癡如醉的如煙，事實上內心一旦碰上親密關係就顯現極其脆弱無能的狀態，曼紐拉在與修女蘿莎在天南地北的聊天中，說出她對如煙的評論，曼紐拉說她是：

  熱情氣色不曾消褪的苦與痛：
阿莫多瓦《我的母親》《沉默茱麗葉》

「作爲女演員，她的演技太棒了」

「但作爲一個人，卻錯得離譜」

「還有她們的結局會很爛。」

　　當如煙輾轉從修女蘿莎那裡聽到如實的轉述，她片刻間冷靜了下來，影片中的如煙或許是第一次被人描繪及捕捉成形，曼紐拉的語言如母體般的將如煙包裹起來，顯現的是如煙畢生以來未曾有的沉靜及放心。或許大膽的試想，如煙和妮娜像是重覆著某種拉扯的兩人關係時，當曼紐拉的語言像是站在一個父親的位置，思考著如煙並進一步摹寫並發聲出來時，使我們有能力去站在第三者的位置，傾聽他人的觀點與聲音，也借由第三者的位置來重新審視自己。

四、阿樂多空間

　　而這個狀況也同樣發生在曼紐拉的跨性別好友阿樂多的身上，阿樂多的人生在影片中有最爲脆弱不堪的時候，也有最爲閃耀光芒的時候，她在最差的時候沒有萎靡不振，在運勢最佳的時候也沒有膨脹變形。阿樂多從不避諱對人去談及自己的妓女職業、隆乳整形、被恩客打得鼻

青臉腫或被好友洗劫一空的遭遇，她對人生所有的順逆境坦然寬容，對生命型式迎面而來的禮物或厄運也沒有分別心。

阿樂多在面對這些爛事時的態度既不是逆來順受；也不是對她施以各類型式暴力者的討伐；也從不閃躲老天在她身上施加的無情及宿命；同時也不隨意滿足他人對她的慾望；對沉淪者的誘惑她既不是置之不理也不會願者上勾；對掌聲與鎂光燈她既不討好從眾也不是優越麻木，最後，她也從不輕視自己要變成心中理想女人的努力與願景。

我想，阿樂多的內在是強大無比的，對他人跟對自己都有無比的信心與溫柔，她既不貶低他人也不讓人性輕縱於她身上，她既不責備也不隨意憐憫。阿樂多是社會邊緣人中神奇的所在，她像是個恰恰好的過渡空間，不論是虛空者、毒癮者、縱慾者、無助者、暴力者還是無情的背叛者……若落在「阿樂多空間」的範疇裡，他們可以受到一些適切的協助與指引，然後也知道待在這裡很安全。

就如同妮娜對阿樂多的身體挑逗及性飢渴的劇場工作人員在她耳邊竊竊私語要她重操舊業。阿樂多的安全不是因為可以被滿足，而是在此空間裡可以感知到自己放肆的需要，且被允許停下來的界限，停下無止盡的對母體及自

熱情氣色不曾消褪的苦與痛：
阿莫多瓦《我的母親》《沉默茱麗葉》

體失蹤的追尋，不能被滿足才是安全感靠岸的依歸。

　　一段阿樂多與妮娜相處的對話，可以看到阿樂多話裡的堅持及話後的溫柔：

　　（面對即將毒癮發作而狂怒的妮娜，阿樂多要求她進浴室去，妮娜也執意讓阿樂多把風。）

　　阿樂多站在浴室門外，開始嚴肅的說：妳有天分，雖然有限，但妳有天分。最重要的是，她愛妳。妳甘願拋棄一切，就為了吸毒，不值得啊！不值得啊！

　　妮娜：我為了換了片刻安寧。

　　（妮娜從浴室出來，準備換下一套舞台裝，她脫個精光並故意好玩的用自己的身體，摩擦阿樂多的下體。）

　　阿樂多：（走離妮娜，去前方拿舞台服回來，認真不
　　　　　　為所動的為她套上）哎啊！妳這個壞習慣。

　　妮娜：阿樂多，你有沒有想過動手術切掉？

　　阿樂多：切掉就失業了，客人喜歡我的們風騷和全
　　　　　　配。

　　（幫妮娜套上舞台服整順衣服。）

　　妮娜繼續挑逗著說：阿樂多，給我看你的老二。

　　（妮娜伸手摸他下體，快速的被阿樂多拍掉，阿樂多繼續忙著準備舞台道具。）

阿樂多：妳吸毒吸糊塗了。

妮娜：說不定我會喜歡你的老二。

阿樂多：你麻煩夠多了，不用添麻煩了，給妳。

（將舞台道具，一個嬰兒，放在妮娜的懷裡，整理嬰兒的包巾、頭套。）

阿樂多：妳下一場戲已經把娃娃生出來了。

妮娜：對哦！

（妮娜又伸手摸他胸部，阿樂多又再次拍掉她的手。）

（妮娜準備要登台了，於是離開更衣室與結束對話。）

阿樂多面對離去的妮娜，說道：年輕人什麼都敢試。

　　阿樂多面對許多在言語、關係或身體上越界的朋友們，不論是用下身磨蹭他下體的妮娜，還是要求要口愛的劇場工作人員，阿樂多似乎有兩塊不同的心智，一邊處理著這些來自挑逗越界的訊息或騷擾，但彷彿還有另一塊心智帶領著她不急不徐的像是母親一樣的，一邊容許著調皮搗蛋孩子的耍賴，但一邊也順手的讓他們背好書包準備上學。

　　就像是他一邊接受著妮娜的好奇與挑逗，手邊也走來

熱情氣色不曾消褪的苦與痛：
阿莫多瓦《我的母親》《沉默茱麗葉》

沒有停下來爲她更換好準備上台的衣著及道具。他一邊傾
聽接納一邊爲彼此圍好界線，跨性別的阿樂多深知這些社
會邊緣人界限的滿足與拿捏，他在心理上不僅兼具父性的
界線及秩序，同時也具備母性的接納與涵容。劇中的阿樂
多讓我們省思到，她已不僅只是一個角色，而是活出了底
層社會中的過渡空間。

參考資料：

1. Aisenstein, M. & Papageorgiou, M. (2018) Mentalization and
   passivity by Michel Fain. International Journal of Psychoanalysis
   99:468-478.

2. Mann, D. (1993) The Absent Father in Psychotic Phantasy. British
   Journal of Psychotherapy 9:301-309.

3. Soares, E. (2012) Mother and woman between child and work:
   Report from a project with handicapped children. International
   Forum of Psychoanalysis 21:58-61.

4. Winnicott, D. W. (1965) The Capacity to be Alone (1958). in The
   Maturational Processes and the Facilitating Environment: Studies
   in the Theory of Emotional Development 64:29-36.

5. Winnicott, D. W. (1965) Communicating and Not
   Communicating Leading to a Study of Certain Opposites (1963).

in The Maturational Processes and the Facilitating Environment: Studies in the Theory of Emotional Development 64:179-192.

陳瑞君
諮商心理師
臺灣精神分析學會會員
臺灣醫療人類學學會會員
臺灣精神分析學會推薦精神分析取向心理治療師
臺灣精神分析學會《台北》心理治療入門課程召集人
松德院區《思想起心理治療中心》心理治療督導
國立臺灣師範大學教育心理與諮商所博士班研究生

熱情氣色不曾消褪的苦與痛：
阿莫多瓦《我的母親》《沉默茱麗葉》

與談人：張贏云

看完《我的母親》（英文片名《All About My Mother》）之後，感受到濃濃的情感與愛，不論是劇中人物的關係——母子／親子、朋友、同事、萍水相逢的陌生人，還是導演對社會的關愛——單親家庭、性工作者、喪親者、愛滋病患者、螢光幕上的人……，甚至是對於演員、觀眾，層層交織成綿延的流水一般流淌進我的心中。

在「愛的堅強」為名的主題當中，我思考何謂堅強？為什麼需要堅強？而這其中的人們展現什麼樣質地的堅強？而這些堅強又以什麼為代價？聽完剛剛瑞君心理師的分享，我不禁想在曼紐拉與小班的母子關係中，曼紐拉在懷孕後如同《慾望街車》的角色，毅然決然帶著腹中的小班離開巴塞隆納，獨自搭車經過那長長的隧道迎向不可知的新生活，必定是帶著想給孩子一個安穩環境的想望——同時也遠離不穩定的父親（亦可能帶著感到被背叛而憤怒報復的心情）。

她在新的城鎮獨自生產、拉拔小班長大、找工作，光是任何一項要獨自完成都很不容易，像是時有所聞照顧新生嬰兒的經驗，媽媽得時時看著孩子身體狀況、半夜起來

餵奶、乃至於把屎把尿，身心疲倦不堪，若還需要考慮經濟，想必是蠟燭多頭燒。我想這17年來，曼紐拉一定遇到許多內外在現實的辛苦、心酸、痛苦需要面對，縱然有愛，仍然是多麼不容易，多麼需要堅強。

　　我想像這是如鋼索堅韌的質地在付出她的愛，也支撐她自己，同時當生存與照顧另外一個人充斥個主體的生活，可能她就沒有時間、也沒有內在空間裝得下她自己了，她讓自己不再是主體，而是全然成為小班的客體。

　　小班：妳會為我賣春嗎？
　　曼紐拉：為了你，我願意付出一切。

　　以愛之名的全然給予，甚至奉獻自己的全部，帶給關係中的客體什麼樣的感受呢？我猜想會有以被愛覆蓋、安全、需求被滿足的好的感覺，感覺到與媽媽緊密相連，母子間是為彼此的一部分——我是被重視的、媽媽也是重要的；隨著成長、進入不同階段，這段親密而濃烈的愛，可能也如同鋼索將兩人緊緊綑綁，讓小班感到也沒有長出自己空間又說不出口的窒息；可能也有對於自己困住、甚至啃食母親生命空間的愧疚；也像瑞君心理師說的，底層藏著被吞噬、掙扎存在被抹滅的憤怒，最後召喚死亡來讓出

  熱情氣色不曾消褪的苦與痛：
阿莫多瓦《我的母親》《沉默茱麗葉》

空間。

　劇中呈現許多組關係的對照：曼紐拉與兒子、修女馬莎與母親、馬莎與剛出生的孩子、知名演員如煙與女主角的兒子、如煙與她的戀人、曼紐拉與好友阿樂多……，在多段描述愛的關係中，劇中的角色以不同的方式給愛，也用不同的方式使用客體。

　想到這裡，這部本來在我心中洋溢感動、讚揚母愛的電影，如同幻燈片疊加不同層次的看見，映照出另一種風貌。讓我不禁想問那麼，母愛是什麼？

　溫尼考特（Winnicott）在《媽媽的貼心書》（心靈工坊出版）裡說「母愛是渾然天成的，其中含有占有慾，還有慾望，甚至還有一種『討厭的小鬼』的成分，也有慷慨、權力和謙遜的成分；可是絕不包括多愁善感，因為那對母親來說是不愉快的。」對他來說，「平凡而慈愛的母親」似乎是生為女人與生俱來的，或是從成長過程像是洋娃娃換裝遊戲中自然而然就學會的，成為母親似乎意味著從懷孕的過程，經歷身體、心理與思考的變化就會慢慢轉變而成（我也時常聽聞甚至親眼目睹身邊親友懷孕生子後的「為母則強」、「生活重心改變」）。

　然而溫尼考特也告訴母親有愛、占有、慾望、想離開寶寶——切的感受都是正常的，也別忘了自己不必把自己

全部放在孩子身上、做到全能，只要夠好就好了，於是母親除了是母親，也還有其他角色的可能性，也就有其他空間發展她自己。

　　閱讀到瑞君心理師討論如煙切入的角度時，讓我感覺很驚艷——名字映照她的生存姿態，也以演出的舞台劇貫穿小班的出生與死亡，更以細小幽微的方式隱喻小班與世界連結。這位年齡與事業表現上成熟的女性，或許也象徵許多人內在真實而脆弱的那一面吧！

　　觀看這部作品後所感受到的濃烈情感與愛，不知是否有因為恰逢母親節所在的五月，而被放大增加，也猶如這世界上鼓勵我們用力看見關於愛的一切，有時卻還可洞察在愛背後各種可能與出路。

張贏云
精神分析愛好者與學習者

熱情氣色不曾消褪的苦與痛：
阿莫多瓦《我的母親》《沉默茱麗葉》

仇的寬容：不是生理母親，多餘性器官的性和性別做爲客體

陳建佑

　　舞台劇《慾望街車》中，主角布蘭奇的妹妹史黛拉，在看著姊姊經歷重重傷害後出現幻聽而被送至精神病院後，氣憤地跟自己的先生史丹利說：「我再也不會回到這個家。」如電影主角曼紐拉，一次是懷著兒子離開自己的先生，一次是抱著羅莎修女與自己前夫的孩子離開；她看了一次又一次的劇，總是在此落淚，重複觀看、重複落淚，說的是內在世界的某一處是沒有隨時間而變的。這裡是什麼沒有變？

　　片中的女演員如煙在下戲後，讓曼紐拉陪著尋找前者的女友演員，如煙用了劇中角色布蘭奇的台詞：「謝謝你，無論你是誰，我總是依賴陌生人的好意。」這可以是溫尼考特對於客體使用描述的入口：在眞正進到眞實世界之前，所有的客體，僅以部分客體的出現在我們的意識，因此那些眞正的客體對我們來說，都是陌生人。

　　曼紐拉的兒子長大，開始好奇自己的父親與，也好

奇自己的母親，何以在看《慾望街車》落淚，使得劇與演員都成為一種謎樣的待追尋物，他自己想成為作家，在他的草稿本子裡上演的，是他內在世界想像自己的父親與母親的情節，而在這個兩人關係之中，則描述了他的內在，關於「他是誰」這個問題的追尋——如伊底帕斯的旅程，從斯芬克斯的謎題出發，這個人除了自己被賦予的名字、除了父母親在他真正認識世界之前，對他的期望與想法是什麼，以及這件事象徵的，一個人除了意識得到的自己之外，還有哪個部分是自己？

也就像是我們在治療室中，叨叨絮絮說著的，意識得到的人與人的關係之中，如影評或小說般描繪的細節之外，一種似有若無的文本如伏流般存在我們後天學習到的語言邏輯之外，那個被佛洛伊德描述為初級歷程的，一種理智與邏輯的次級歷程難以理解的，與夢、幻想或幻覺有關的世界。

那是一個充滿部分客體的世界，亦即嬰兒甫出生後，以他即便是有限也未能感受其有限的感官接觸到的世界，在身旁的人看來，他是以客體的功能在認識客體，但卻在一種矛盾的狀態，如溫尼考特描述客體是在那裡等著被創造。

當我們以為這是一部電影，關於兒子如何追尋自己內

熱情氣色不曾消褪的苦與痛：
阿莫多瓦《我的母親》《沉默茱麗葉》

在父母以至於眞實的自己時，他的生命在自己的生日那晚結束，在象徵意涵上，如伊底帕斯刺瞎自己雙眼的結局，沒有生命就無從觀看了。但這場觀看卻正要開始，從孩子的雙眼還沒看見這世界的光以前，母親帶著腹內的他從巴塞隆納的逃離、從她從一段關係乃至於一股強烈內在情感的狀態的逃離開始……兒子的死，促發了母親生命的另一條路，這條路是生是死？

帶著孩子逃走的重複，要說是因爲前夫的變性，還是這件事成爲一種再現，讓這份關係之中出現了某種異物感，那不只是外來的乳房填充物，不是長髮或妝容，而是喚醒了嬰兒早期在自己的存在的連續性之外的難以被承受的侵擾（impingement），環境母親受各種因素影響因而未能妥善照顧嬰孩的產物，這些過多但仍是屬於嬰兒自己的感受，被流放出境，而留下的遺跡是一個占有空間的空白，那些外來的異物雖然也占有空間，但他們總好過這個不知名的空白。

回到孩子的筆記本裡，那些追尋或者不斷想像的「有」，其豐富與多樣，卻總有「那裡還有什麼」的感受，但繼續追下去，是走上眞理追尋的道路，還是暗藏強迫性重複的一種，難以眞正生存的困境，一不小心只看著眼前路賠上了生命。這裡指的不只是眞實的生命，而是溫

尼考特描述的真我，亦即一種整合後的狀態，可以感受、可以與世界互動，有一種承擔起照顧自己的能力，足以消化從中而來的刺激，而不再只是一次次難以消化的侵擾；回頭面對那股空白，迎來不同的感受。

　　溫尼考特提到一個歷程，從客體關聯，到客體使用——這裡的客體則是從部分客體，變成真實客體，也就是主體感知到客體是外在現象而不是投射的素材，也認知到客體是屬於客體自己的。客體關聯是一種隔絕現實的狀態，使用投射作為素材接觸外在世界，在這個階段，主體把意識還沒有能力消化的潛意識素材，投射到客體上，使用客體來認識世界；在客觀看來，主體是以部分客體的方式，在全能控制的範圍裡認識客體的；在他有能力發現之前，主體對待自己難以承受的部分，是無情地被擺在被他創造的客體上，讓母親／治療師活生生地感受到，像是無助、憤怒、面對未知的慌張與無能為力……但客體的存活能讓主體有機會發現，還有什麼在外面，就是從他的全能幻想的世界之外，慢慢過渡一些素材進來。

　　慢慢地我們在劇中感受到曼紐拉的痛苦，她照顧他人的穩定外表，在提到兒子時總輕易潰堤，彷彿這個外表如溫尼考特描述的假我，是為了有一天找到一個安全的環境，讓真我活過來，重新感受。或許也能如此想像，在照

熱情氣色不曾消褪的苦與痛：
阿莫多瓦《我的母親》《沉默茱麗葉》

顧人的全能幻想中，是他人而非自己是需要照顧的；然而誰能不需要別人的幫忙？還是說受到人的幫忙，並且幫忙別人，這種形同進入一段真正的關係，在裡頭客體是令人期待也令人失望的、或者如溫尼考特描述，在客體關聯過渡到客體使用後，主體仍隱隱感受的，潛意識對於客體的摧毀，浮現成為一種苦楚，使人想要逃脫——從巴塞隆納逃到巴黎、從可以受人幫助逃到全然幫助他人？

「我想見見他，我要讓媽媽明白，我不管他是誰、不管他是什麼模樣、對她做了什麼，她沒有權力阻止我們相認。」

孩子在筆記本裡，因為發現母親的相片總是只留著被撕掉要的一半，他相信另一半勢必是自己的父親。但在年輕的曼紐拉那段關係中，是仍難以消化苦楚，來讓兒子明白的：他的父親在自己的身體上畫出了異性的第二性徵，用這樣的身體開始經驗第二種欲望，穿著比基尼勾搭男人；目擊這種慾望讓曼紐拉不知所措，她對於穩定關係的想像破碎了，她看到了蘿拉的慾望，還是還有別的？

性還沒成為認同，尚未開啟伊底帕斯期的旅程、沒來得及看見父親或母親作為可以選擇的客體，即便口中喊著爸爸或媽媽，在這個官能症的外表底下，是有著人格部分中的精神病症核心，這是比昂與溫尼考特概念中，認為每

個人都有的部分，在這樣的核心之外，表現為相關的組織或者心身症狀。

　　沒有碰觸到這個核心的工作中，患者看似度過了伊底帕斯期，可以感恩、表達對自己的洞見，但那仍是假我的一部分，作為面對內在無名恐懼的防衛之一；有些個案會處在這種共謀關係，很難真正結束治療，亦即，難以分離。這對應到溫尼考特描述的，主體與客體關聯→主體摧毀客體→客體存活→客體可被使用。主體將客體放置在主體的全能控制的範圍之外，仿佛因為少了一個東西，讓自己既往的感受生變，或許會將此看做前述的異物感，本該是真實，但被心智生存為前提的需要，而不能被連接的部分。

　　如電影中描繪的變性者，成為精神分析理論的部分客體，乘載著一種想像：會否母親的性或者性器官，成為部分客體，讓主體在幻想以及重複性的行動中，一面避免古老的侵擾，一面暗地裡重新經驗些什麼，企圖回返那個可怕的經驗？有什麼太少了，使得在身體、在外在世界須要很多，那樣的身體在展演的，是一個還沒選擇的、還沒與主體分離的心智狀態，但何以這樣的狀態會給旁人帶來痛苦？

　　曼紐拉似乎深刻地涉入了蘿拉的欲望，但於外被排除

  熱情氣色不曾消褪的苦與痛：
阿莫多瓦《我的母親》《沉默茱麗葉》

了，這與她懷著他們兩人的孩子遠離巴塞隆納，過著一個記得蘿拉但是卻當她不存在的生活，演著似乎是同樣的劇碼。客體感受到的，是痛苦地被作為部分客體使用，想溫尼考特描述的，被摧毀的感受。

主體雖然在幻想中摧毀客體，但仍希望這樣的關聯（存在一個客體可以被摧毀）無論如何都能存在，這個悖論式的存在是，主體既希望這些情緒消失，但唯有完整經驗這些（也包括徹底毀滅）才能成為自己的一部分；而這有賴於客體看待摧毀的方式，讓它不只是「要毀滅我」，那麼這樣的行為，便是一種溝通，就好像眼前所見的，不只是一種解釋。

被摧毀，與其說是真實的消失不見，更像是「一同經驗」一種中介地帶，如佛洛伊德描述，被潛抑的會從外部回來，不只是那些情緒或無法接受的想法，包括更早年所拒絕的「思考的能力」；像是「摧毀」這個詞，從開頭被設定的那種意思，透過我們的想，逐漸變換與接替，朝著溫尼考特的原意接近，在他描述母嬰關係的一起活著一種經驗的方式，面對一種可能，一起想想，還有沒有第二、第三種可能？想要逃離，真的是想結束關係？還是想要結束某種痛苦，而心智還能夠思考那份痛苦，怎麼會如此痛苦呢？

曼紐拉是痛苦的，她的身體供養了三個兒子：蘿拉在與她的關係中，開始他在身體的劇場；自己的兒子的死去如展演他內在對於未曾活過那部分的追尋，以及其外化；照顧著修女以及她兒子的母嬰共同體，這個基於她極欲與原生家庭分離的行動結果。這看似是被作為部分客體（功能性地）使用，但同時也是她在使用著這些主體：她從蘿拉身邊逃離，彷彿潛意識就知道蘿拉一直很想要有個孩子，摧毀了蘿拉，然而這種關係的可能卻是痛苦地無法被意識到——因為在曼紐拉客體關聯的狀態，存在的是她能全能照顧他人的。

或許難以與人告別，這件事就意味著，告別的不只是關係，還有向「自己全能地使用客體」這個與世界互動的方式告別，意味著主體擁有溫尼考特說的，可以把客體放在真實世界的能力。但這裡困難的是，要如何真實地面對那個流放出去的、已被作為部分客體的自己，他帶來的痛苦如他的型態一樣，是撕心裂肺、破碎與去整合的。而要能整合、承受痛苦，有賴客體在主體對他的摧毀中倖存這件事。

「從關聯到使用的中間地帶。需經歷這樣的過程：因為真實而被摧毀，因為被摧毀（可破壞和消耗）而變得真實。」母親因為真實而被摧毀的想法，像是說，母親只有

熱情氣色不曾消褪的苦與痛：
阿莫多瓦《我的母親》《沉默茱麗葉》

因為她是眞實的而被摧毀──一個眞實的人，作爲合格的母親，去體驗被摧毀的痛苦。在她因爲被摧毀而變得眞實的過程，因爲嬰兒能夠感受到她（作爲一個獨立的人）在（作爲母親）被摧毀時，所經歷的痛苦的現實。

因爲母親是個成熟的人、以及她能夠使用其他客體（伴侶、自己的父母、分析師……）也就是她過去也曾摧毀別的客體的經驗，足以消化這種被摧毀。就像爾後嬰兒持續摧毀客體的幻想，其實是不斷被喚醒的曾發生過的潛意識記憶，以幻想的方式被描述出來。主體便能發現，個人的幻想的開始存在，帶來「客體持久性、客體恆常性和大量象徵能力的實現，內部世界和外部世界的區分（如果有外部客體，必須有一個單獨的內部自我來感受它的外部性），以及思想的有意識和無意識方面。」

回到自己的一部分被當作部分客體流放出去，如何思考這件事，暫且讓我們把電影文本當作部分客體般全能地使用看看：

蘿拉使用自己的身體，讓他說話，留著象徵父親的陰莖、長出了象徵母親的乳房，這是在成年之後的決定與行動，雖然表面看來充斥著成人的性，但這也是被掩蓋的追悼的企圖；如我們總愛說差不多就是那些故事、總愛看同一齣劇，這些重複裡的動力本身也是一種溝通，但處於文

明的言說之中，它也重演著一齣不可見的無法哀悼。在身體上擁有了父母親的部分客體，是在聽不見地說，某些時刻，我失去了父母親，但又由於他們仍是部分客體，因此我只能感覺我失去了陰莖與乳房，甚至連這些部分客體的象徵物，都沒能化為語言被成年的自己記得；這也是斷裂的重演，在這個許多的有裡頭，正進行著一種看不見的遺忘，一個遺忘的negative。

如Bion描述，用黑暗看見更深的黑暗，在記得外在事件與內在現實的同一個位置，有另一個次元正重疊其上，是佚失的客體，以及感官難以碰觸的感覺—像我們要想像，人能如何用黑暗看見黑暗？要如何用意識去想像潛意識？或者跳到另一個極端來想，人要如何從滿滿的（positive）成人式的性——性器官的結合，來想像這裡頭的象徵——主體摧毀式的逃離與客體千山萬水的倖存？性不只是性，這會是種遺憾，因為世界有了真實的客體，不再是主體想的那麼愉悅了，而這些都藏在潛意識裡、藏在「這不是我，這是你」的投射機轉中。

無可避免地我們只能從對立的兩方開始，先將無法消化的部分投射於外（雖然也有種說法是，周邊神經元向大腦皮層投射，這是種向內的投射）然後在客體關聯的狀態下，讓客體成為自己的一部分，一個既是又不是的自己，

熱情氣色不曾消褪的苦與痛：
阿莫多瓦《我的母親》《沉默茱麗葉》

這也像是擁有兩種性徵的身體所象徵的，因為尚未分離，所以無從選擇的狀態；也如同客體關聯狀態的自體，因為仍在自己個全能掌控內與客體互動，還沒有眞實客體與眞實的外在現實，因此沒有內外之分、沒有意識與潛意識。

身體的劇場，或許勾起了曼紐拉身為客體內在對於這種未分化的時期的感受：懷念的、孤單的、因為不再如此（因為願意被當作部分客體地被使用，而不再是恣意行動的主體）而痛苦，使得客體想要退縮。溫尼考特描述中，那是要眞眞正正被摧毀的痛苦「我不再是我以為的我」，面對主體因為沒有你我之分因此無情的使用，客體連一點點全能想像的遺跡都不能留存。

曼紐拉的理想破滅了，先生在他應該要知道自己卽將成為父親之際，走入他內心深處的身體劇場，也讓曼紐拉深陷其中，並同時勾起她內在的劇場——以逃離的方式開展，從事一份工作，是讓人同意捐出自己腦死親人的器官，讓別人活下去——幫助人的假我，在尋求的是這樣的客體，甘願為自己赴湯蹈火：雖然兒子意外身亡，但他決意找尋心中父母的痛苦，這份眞實成為了她的心臟；羅莎修女接受自己從助人者變成全然依賴的人，這份為了她的孩子的甘願成了曼紐拉的骨架；前夫蘿拉四處遊蕩後，帶著他對自己的認識回到家鄉而非就是逃離，成全了曼紐拉

想要成全她孩子的願望，他知道自己的父親、也知道自己的母親了，這如同她重獲血肉。奇蹟發生在蘿莎修女的孩子，第三個艾斯特班其愛滋病毒抗原轉陰地痊癒，像在說，即使父母帶著絕望，但得到成全的生命仍能破繭而出。

　　從外在找尋一個願意成全主體生命的真實客體，如客體關聯到客體使用的歷程中，要有客體可以被摧毀而成為真實，他的血肉都為主體所用，那個因為客體的幫忙，引介生命沉重的痛苦，透過客體的身體與面部表情，呈現給了主體，這份似曾相識又陌生的情緒經驗，讓主體先發現了「有人這麼痛苦」，再來是「何以能夠如此痛苦卻能堅持在場」，如同我們借用了電影、劇場以及阿莫多瓦的豐富想像，不是意圖分析角色，而是在這些文本與溫尼考特的理論連結中，不斷地探問，才有跡可循的猜想那個生命早年被放逐出去的自己，期待終有一天能由負（negative）轉正。

熱情氣色不曾消褪的苦與痛：
阿莫多瓦《我的母親》《沉默茱麗葉》

陳建佑

精神科專科醫師

臺灣精神分析學會會員

精神分析取向心理治療師

高雄市佳欣診所醫師

與談人：謝昀融

　　片名《我的母親》，一開始以為是以兒子視角在敍述母親曼紐拉對他的照顧與呵護，但在開始不久，兒子就因為車禍而過世，所以這時候開始在想《我的母親》究竟在哪？抑或是想要傳達誰又是誰的母親？或是每個人都是每個人的母親，每個階段，遇到的每一個人，或許都會從他們身上找到母親的樣子，常常會去習慣著急的想要尋找問題的答案，才有安全感，好像很多時候需要去抓緊一些東西，才會感受到自己還是存在，但對於自己是誰？需要什麼？都無法太清楚，就開始汲汲營營從外在追尋那些好像抓到又沒抓到的部分自己，好像透過這樣就能擁有些什麼的感覺。

　　在片裡面曼紐拉在兒子過世後，在他的筆記內容裡面得知兒子對於自己有一部分的認同是消失的，像是不得而知的爸爸、還有那些撕掉一半的照片、還有媽媽的無法言喻，那些困惑和迷惘的感受，也讓曼紐拉開啟尋找那段塵封已久的歷程，那段已經被關閉、噤語的歷程，曼紐拉也啟程要回到18年前，去尋找他的母親，在片裡面火車穿越山洞的那一幕，就像超音波照片裡子宮的模樣，這次的子

　熱情氣色不曾消褪的苦與痛：
阿莫多瓦《我的母親》《沉默茱麗葉》

宮裡已經沒有孩子的他，好像被掏空的他，要回到了那個在18年前被義乳填滿的過去，好像在「那裡還有什麼」這樣子似有若無的感受，迫使他又回到那裡。

當兒子問曼紐拉會不會為了他做妓女，曼紐拉回答我已經為你盡心盡力了，好像也在述說著自己已經承受著丈夫裝著義乳的器官，成為妓女，自己沒有辦法再做更多了，他在某一個程度的意義代替了丈夫，成為了兒子父親的角色，在那一刻他或許也把他自己的乳房卸下，成為了一個沒有功能的媽媽，成為了只是他應該成為的人，曼紐拉一直都是照顧人的角色，好像透過那樣被當作部分客體的使用，自己也能感受到被照顧的感受，讓客體成為自己的一部分，而在羅莎要求要去他家住的時候，他掙扎為難的樣子，心中湧起的那些恨，讓他又好像沒辦法去恨，只能隱忍，因為如果對羅莎的恨而拒絕了羅莎。就像是回到那個從前的自己，他無法那樣無情的對待自己，或許也是憐惜自己，曼紐拉無法去真正對人說出自己的感受，他從來都是為別人而活，沒有辦法好好說出自己心裡的話，這裡的沒有辦法，不但是「不能」，也是「不行」，他好像是一個獨立的個體，成熟的大人，但卻從來沒有真正跟任何人分離過，就像他第一次的逃回，即使好像身體已經逃離，內心的連結卻依然還在，那個真正的自己卻還是仍然

在原地煎熬迷惘，這樣的自己還沒有辦法長大，只能透過被客體所用來經驗到自己的存在，所以又再一次的成為了羅莎的照顧者。

而羅莎的母親也因為照顧著父親，沒有辦法給羅莎真正的安撫和餵養，只能一直靠著物質上的金錢來給予羅莎，表示愛與養育的意義，而羅莎原本成為修女，或許也是想要透過照顧人，來感受到被照顧的感受，他以及曼紐拉在某一個程度對於媽媽的感受都是匱乏的，皆與裝上義乳的蘿拉發生關係，並生下了他的小孩，然後又再一次承受了被拋棄的感受，而因為羅莎在生下小孩就過世以後，曼紐拉面對再次丈夫遺留下來的事物，好像又再重新經驗了一次當時的創傷，這一次他見到了丈夫，知道了丈夫的狀況，丈夫也知道自己有兩個兒子，都與他叫作同樣的名字，他好像死了，又好像得以延續了。

曼紐拉無從選擇地擁有了三個兒子，心中好像有部分在當下隨著見到丈夫釋懷了，那種釋懷好像是因為沒有人有辦法對自己好，所以他只能選擇來接受一切，彷彿透過善待別人，自己某一部分才能有被好好對待的感受，在面對那些被攻擊的感受，才能不讓他感覺他又再度被摧毀了。

於是這一次曼紐拉又再度逃離了巴塞隆納，兩年以

熱情氣色不曾消褪的苦與痛：
阿莫多瓦《我的母親》《沉默茱麗葉》

後，羅莎兒子體內那些因著蘿拉的愛滋病病毒也逐漸消失了，曼紐拉彷彿在照顧羅莎兒子的這段時間，自己又再重新經驗了一次成為母親的樣子，而那些恨也像是愛滋病病毒慢慢地消失了，或許曼紐拉得已能以真正的主體去擁有自己的生命經驗，在這裡不得而知，不過他又能有能力再一次的回到巴塞隆納，提到了「回到」，或許在意義上那才是他真正認為的家。

再一次的回到巴塞隆納以後，曼紐拉去找的是女同志如煙及同為裝了義乳的阿樂多，片裡沒有出現任何男人清楚的輪廓，很多都只是短暫的出現幾幕，去世的兒子、失智的父親、新生的嬰兒及裝了義乳的男人，好像也在模糊對於性別的明確定義，在日常生活當中，總是會在別人的身上，尋找到自己母親的模樣，那些渴望的愛、需要的照顧、想要被看見的需求，都在生活裡面隨處可見，不管他們是誰，不管他們是男生或是女生。

片中兩個裝了義乳的男人都沒有選擇做閹割手術，在某一部分好像也是在自己的認同當中，是一個疊加的過程，不是一個否定的過程，或許他們也沒辦法再摧毀自己更多了。在戲裡面裝了義乳的阿樂多，經歷了好朋友羅拉不僅偷走了他全部的積蓄，並且把他的聖母照片也一併拿走，在他物質上或是精神上的母親，都被羅拉這個因為無

法好好知道自己是什麼樣子，所以活在恐懼和無能的世界當中，在還沒被別人拋棄，就先將別人拋棄，將阿樂多的全部通通帶走了。

在這樣的狀況下，阿樂多他還是陪伴了被羅拉遺留下來的兩個女子，陪伴著他們的來也承受著他們的離開，面對著這些的攻擊之下，他存活下來，也在演員如煙與女友因爭吵無法如期上台表演時，他代替他們上台，他沒有透過演戲來詮釋那些在生命中不可承受之重，而是坦然地去揭露自己的生命經驗，在這當下他是在用攻擊的方式攻擊了自己，讓自己得以倖存；或是他在當下，同時也接受了大家的攻擊，但他得以倖存了。

在這部片中，他也好像是大家的母親，面對曼紐拉一次又一次的來與離開，他就都在那邊，就好像在治療室裡面等待個案，無論他們的來與不來，他們的攻擊或是投射，都在心理的某一部分，能否渡過得以倖存，即便難受、痛苦，也能堅持在場，全然地成為個案所能經驗的客體，不被摧毀，而在那些很多時候好像以為能撐過去，也應該撐過去，但其實好像也沒有，在這樣想的那一刻也許早就已經被摧毀了，或許不去想要成為什麼樣的母親，而是在那些攻擊、痛苦之下，成為一個足夠好的母親便已足夠。

熱情氣色不曾消褪的苦與痛：
阿莫多瓦《我的母親》《沉默茱麗葉》

謝昀融

諮商心理師

國立政治大學輔導與諮商碩士學位學程 碩士畢

國立政治大學身心健康中心 初談員

滬江高中 兼職諮商心理師

台北市立聯合醫院松德院區思想起心理治療中心 全職實習心理師

台北市立聯合醫院松德院區思想起心理治療中心 臨床學員

第四堂

情的美麗：失落兒子後悲傷母親，時光不再復返做爲客體

王盈彬

　　「當時光不再復返」，我們常常會在許多的戲劇和音樂中熟悉的遇見，當我寫下的這一段文字的同時，時間也正在流逝，於是當我因爲某些困惑或情緒，不斷地想要回頭檢視或回憶的時候，產生了一種無限迴圈，現在已經消失，未來成爲現在，現在成爲過去，就這樣後一秒鐘的自己追著前一秒中的自己，這種不斷追求，卻又不斷落空的重複，唯有自己的思緒和情感不斷持續的存在。這是自己在追逐著自己的後一刻，自己在哀悼自己的前一刻。只是這個「自己」，也不斷改版，於是在銜接著每一個一個的自己時，有一個一個的間隔出現。

　　「十七年前，我進行了一樣的旅程。反方向，當時是從巴塞隆納到馬德里，當時我也在逃避，但我並不孤獨，我肚裡懷著小班，當時是在逃避他的父親，現在我打算去找他。」（註一）

　　這些間隔可以有許多不同的定義和本質，不論是內含

的或外加的，放在精神分析的脈絡中，或可先定義爲一格一格的失落和追尋，或者是，這樣的間隔也可以是一些未知的空白，正在等待的塡入。最近也有一部動畫電影《鈴芽之旅》（新海誠編劇兼執導2023），也正是在那一個回憶門打開的瞬間間隔，展開了龐大的故事。

因爲無法重來，那又會是如何的運作和元素，帶領著悲傷的母親前進，死去的兒子帶走了甚麼，又啟動了甚麼？這一個失落中，存在著許多的間隔，或許可以用比昂的語詞「caesura」來細化這樣的歷程，那是將一些「β」元素集結成「α」元素的歷程，這是潛意識現有資料庫的運作，然而，我們有可能在有生之年，不斷的擴充這樣的資料庫來供應用嗎？這是其中一種出路。

影片中，媽媽（曼紐拉）和孩子（艾斯特班）一起去看舞台劇《慾望街車》，慶祝孩子十七歲的生日。舞台劇中的媽媽（史黛拉）抱著襁褓中的小孩，從無心的爸爸的遊戲桌旁，負氣難過離去，台下的媽媽（曼紐拉）啜泣著，重溫自己年輕時的舞台記憶（曾飾演史黛拉）和變成實際生活的舞台組合〔與當時舞台上的男主角（艾斯特班）在一起〕，懷了只有自己知道的小孩（艾斯特班）。

她失敗了，在原本應該是美滿家庭的認定中，她的伴侶漸漸地不上心地變成了有女性乳房的變性人，染上了毒

  熱情氣色不曾消褪的苦與痛：
阿莫多瓦《我的母親》《沉默茱麗葉》

癮和愛滋。她獨自扶養長大的孩子（艾斯特班）長大了，卻在懷舊的舞台觀演後的追星中，因車禍而喪命，遭遇了另一位有吸毒伴侶（妮娜）的女子（如煙），也照顧了懷有前伴侶小孩的愛滋媽媽（羅莎修女）和暴露在愛滋傳染威脅的小孩（同名：艾斯特班），也關照了小孩的外婆，直到小孩的愛滋病毒含量未被檢出的時候，被接納回家的時刻。

　　劇情緊湊的展開，一段段的故事接續而來，許多的間隔都被不同的經驗給補上了，當然，也還有許多間隔需要填入些甚麼，如果換成在現實生活中，遭逢喪了的媽媽（曼紐拉），應該是沒有時間也沒有選擇走入心理治療室的，如果是，那會有不同的歷程結局發生嗎？即便如此，她依舊順著自己的直覺，毫無懸念的走上未來通往過去的道路，期間的摯友（阿樂多）穿梭其中，是串接起舊地回憶的關鍵人物。

　　「你知道我為什麼叫阿樂多嗎？因為我這一生只想帶給大家樂趣多多。」（註一）

　　媽媽的群像，遮蔽了片中的死亡、移植、吸毒、召妓、變性、愛滋病……等的各種原本引人注目的議題。媽媽們，在花花世界中，把這樣的各種毒性抵擋在外，或是抱持在內，等待各種的下一步奇蹟出現。媽媽們，到底經

歷了些甚麼，又何以她們可以在種種失落的情境下繼續前行？

　　在精神分析的殿堂裡，我們熟悉的一些生之本能的變形，人們在面對失落時，所因應而生的各種初階到高階的內在防衛機轉，甚至是由母親親自的參與，透過客體關聯和使用（Winnicott），逐漸讓小孩的自我可以順利的長大獨立，而漸漸擁有消化現實失落的能力。我在這一篇文章中也同時想要往社會群體看去，在時間不復返的眾母職中，群體如何可以協助彼此，在這些間隔中，穩穩地繼續進行失落與追尋的客體關係。

古典精神分析：生的本能

　　存在我們內在的愛恨情仇，常常是精神分析用語中的常客，這些充滿著情感能量的表徵情緒，是孕育與聯繫著不論是內在或外在客體關係的重要元素。在診療室中的每一個參與者，多是在處理面對失落後的情感連結，這種情感的連結，或可說是一種最尋常不過的關係，是一種瀰漫在生活中點點滴滴的關係質地，在遭遇到了斷裂或劇烈的震盪時，會在我們的內心中運作起各種防衛機轉，來緩衝這種致命與恐怖的衝擊。

熱情氣色不曾消褪的苦與痛：
阿莫多瓦《我的母親》《沉默茱麗葉》

與此同時，這種情感，可以被想像成爲很美麗，很羅曼蒂克，是一種全能的幻想的本質，像是一種美好黃昏時的暫有（Freud），無限擴張。現實上，也常常就在同溫層的加持中，維持了面對失落矛盾（ambivalent）時的種種回歸（退行）式幻想。

　　「在憂鬱的位置，我們開始接受我們自己的母性客體作爲一個完整的客體，伴隨著內疚和隨之而來的關心他人的能力。當我們有孩子時，這種關注（concern）的能力會被重新激發，使我們再次處理這些與我們內在母性形象（internal maternal imago）相關的早期嬰兒議題。」（註二）

　　這段話是與Klein論述的憂鬱位置（depressive position）相關的延伸，意味著我們的內在客體關係的質地，影響著我們在從個體成爲父母親時，有可能會重新啟動的早期經驗。這些是精神分析很熟悉立論與採樣的立場，也因此造就了我們希望從小開始，就讓教養小孩的環境和母親可以如Winnicott所建議的「足夠好（good enough）」。於是當我們在面對失落時，比較可以擁有先備的能力來調適自己。

倖存者

在Winnicott的整理中，我們知道了促進性環境的重要性，那是形塑培養一個人成熟過程中的必備條件，和母親一樣的重要。這也是母親在教養子女時，所希望可以具備的能力。

「要使用客體，主體必須發展出使用客體的能力。這是要改變到運作現實原則的一部分。這種能力不能說是與生俱來的，也不能認為它在個人身上的發展是理所當然的。發展使用客體的能力，是成熟過程的另一個例子，它依賴於促進環境。」（註三）

而母親必須在嬰孩主觀與客體關係的變化中存活下來，才能讓原始的心靈可以成長到分辨出「我」和「非我」的階段。如此一來，人格化的形成方能運作在接下來的客體使用的成熟階段。

「可以觀察到這個順序：（1）主體與客體相關。（2）客體正在被發現的過程中，而不是被主體放置在自己世界中。（3）主體破壞客體。（4）客體在破壞中倖存下來。（5）主體可以使用客體。客體總是被破壞。這種破壞，成為愛一個真實客體的無意識背景；也就是，主體全能控制範圍之外的客體。對這個問題的研究，涉及對

熱情氣色不曾消褪的苦與痛：
阿莫多瓦《我的母親》《沉默茱麗葉》

破壞性的正向價值的陳述。破壞性加上客體在破壞中的存活，將客體置於投射性心理機制運作的區域之外，從而創造了一個共享現實的世界，主體可以使用，也可以反饋給主體。」（註三）

此時，我們轉身著眼於這個被破壞的客體，在Winnicott的論述中，因為一般小孩的攻擊性是虛弱的，因此多數的母親（照顧者）是可以不報復的存活著，但是不可否認的是，如果是面對一些攻擊力道強大到足以摧毀或震攝母親（照顧者）的小孩主體，或是母親弱到無法抵禦任何的細微衝擊，於是如何倖存，或是倖存後要如何地運作，變成是另一個重要的課題，對治療師而言，應該會是在面對困難個案時所面臨的議題了。

「為了你，我已經付出一切，不管颱風下雨」（註一）

影片中幾位媽媽的角色，用另一種視角來整理，媽媽們都沒有爸爸相伴，甚至是負氣出走；媽媽（曼紐拉）沒有感染愛滋，媽媽（羅莎修女）感染了愛滋，並且死在前置胎盤的死亡風暴中，並產下了有愛滋風險的小孩；媽媽（曼紐拉）不需要照顧瀕死的伴侶，但是照顧了媽媽（羅莎修女），需要並且反覆的處理疾病的影響，並準備照顧同父同名的小孩（同名艾斯特班）。媽媽（曼紐拉）經歷

了兒子（同名艾斯特班）的意外死亡；女子（如煙）需要處理吸毒的伴侶（妮娜）……等。媽媽們沒有約定好，卻因緣際會而互相照顧，這可以歸類為是一種倖存者間的合作。

「動力是複雜的，包括對自己的攻擊性和敵意衝動的恐懼和內疚，以及對孩子的脆弱性和壓倒性感覺狀態的強烈認同。母職包含了一種深深的羞恥感，因為無法應對，或者無法停止地在情感上或身體上傷害孩子……作為母親的『失敗』，或母性的暴力和攻擊，是母性矛盾的分裂和潛抑元素的面向，需要特別的努力才能提供一個空間，來思考母性經歷的現實。」（註二）

倖存者的前身，可以說是一種失敗者的樣貌，對應的是在全能幻想中的失敗，客觀現實也許不會以失敗命名，但是倖存者的主觀現實，特別是在進行母職的照顧者，常常會有這樣的感受。這種如引文中提到需要特別的努力和給予的空間，除了來自個體自己的內在潛能或成熟度之外，其實整個社會環境的支持系統網絡，就像影片中的眾多媽媽的沒有約定好的接力協助，也是相當重要的復原力（Resilience）的來源。這些支持所提供的空間網絡，是用來處理在母職中所出現的矛盾（ambivalence），這樣的矛盾意味著在養育小孩的愛恨感覺。

熱情氣色不曾消褪的苦與痛：
阿莫多瓦《我的母親》《沉默茱麗葉》

「Parker 的論點是，母職不僅僅會促使我們對自己母親的嬰孩期矛盾心理進行改造。她認為，母職有其自己的發展軌跡，它是在與孩子相關的情況下被提示然後制定出來的。儘管強大的文化理想，試圖壓制女性作為母親時期的複雜性，但母親們對這個生活中重要的新客體感到矛盾（ambivalence），因此必須處理好自己的愛意和敵意。Parker 稱之為『母性的矛盾』，指的是我們在張力中抱持著對孩子的這些愛恨感覺。它構成了母性偏執——分裂和憂鬱位置之間的特定振盪。這種母性思維可以反過來動員母親對孩子的關心，是由於母親變成可以覺察到並能夠容忍自己的矛盾而成為可能。它還可以增強她作為一個有效母親的經驗，並引導出更周到和更有創意的養育方式。Parker 借鑒Bion的觀點，認為孩子感受到的愛恨衝突激發了求知欲。了解我們對孩子的衝突感受，會為思考和創造力打開一個空間。」（註二）

在這一段文字中，我們看到了母親這位倖存者所可以動員的內在力量，母嬰關係的對調，協助了母親的矛盾的處理。而當母親的主體存在後，主體與環境的互動交流，也就可能可以和嬰孩面對外在環境一般的思考，於是，促進性環境的必要存在，對於倖存者而言，也成為至關重要的關鍵。

「在這個程度上，母親可能需要使用嬰兒如同客體（infants-as-objects），就像Winnicott建議嬰兒需要使用母親作為客體一樣（Winnicott 1968）。Winnicott探討了這樣一個想法，即嬰兒在幻想中摧毀了母親，以查看她是否倖存並因此超出了嬰兒的控制範圍。通過她的生存，嬰兒開始體驗到他者和自己是分開的（Winnicott 1968）。把這個想法反過來，這次從母親的角度來看，母親對嬰兒的仇恨可以在幻想中用來摧毀嬰兒，並在看到嬰兒倖存下來後，只要她的仇恨被愛所減輕，於是形塑了矛盾。母親通過這種體驗獲得的是一種與嬰兒的關係，這種關係可以被認為與她自己是分離的，並且感覺自己是一個有自主權的主體。」（註二）

生命的間隔，母職之外的資源，復原力（Resilience）

　　「然而，很少有人關注母親（mother）本身——母性的復原力（maternal resilience）是如何發展的，為什麼一位母親可以對為人父母時期（parenthood）的混亂潮流做出積極和稱職的反應，而另一位母親則在掙扎奮戰。我們在這裡感興趣的正是這樣一個發展程序——一個

  熱情氣色不曾消褪的苦與痛：
阿莫多瓦《我的母親》《沉默茱麗葉》

女人進入成為母親的時期（motherhood），並承擔極其複雜的育兒任務（parenting）的過程。」（註二）

影片中對話的一幕，媽媽（曼紐拉）正在為兒子（艾斯特班）準備晚餐時，兩人對話中提醒了媽媽，她曾經演技很好，於此同時，勾動了母職（mothering）以外的潛伏能力與過往生活的記憶。這一個時刻，女主角蟄伏已久的內心產生的悸動，在她還沒有進入母親的身分前，這個曾經談著戀愛、又被愛傷害的經驗，在她懷著兒子離開傷心地的同時，記憶被鎖進了牢籠，情感投入了兒子的養育中，像是多重宇宙般的一明一暗的並存著。

兒子在索取偶像（如煙）的簽名途中，因為車禍而離世，為了兒子，也參雜了過往的記憶，她回到了傷心地，不是進到診療室中進行想像，而是實際的回到舊地而參與了新的生活。遇見了兒子的偶像，也遇見了在舞台上替代自己的新生代，遇見的舊識，遇見了孩子的爸爸（變性後改名為羅拉）等，所有遇見的「舊」事，都在進行「新」的發展，物換星移，她回來了。

「復原力（Resilience）『只能被認為是一系列社會和精神內部程序，這些程序在兒童屬性、家庭、社會和文化環境的適當組合下隨著時間發生』（Fonagy 等人，1994 年，第 233 頁）。復原力比較適當的是被認為是，

隨著時間的推移而展開的一系列社會和心理的程序。如果是這種情況，則一定有可能在以後的生活中發展復原力。事實上，Luthar 等人（2000 年）指出，儘管大多數現有研究都集中在兒童身上，但研究人類發展不同階段的復原力是有價值的。據推測，這將包括爲人父母。這些對復原力的相當技術性的描述掩蓋了這樣一個事實，即復原力作爲一種文化建構，既浪漫又理想主義，並且在當代文化中反覆被引用，從好萊塢電影劇本到美國夢的腳本。」（註二）

　　從這樣的論述出發，我們可以看到了新舊並列的組織，就如同促進性的外在環境，伴行著全能的錯覺（illusion），不僅在嬰孩身上發生，也可以在成人身上出現，也在文化的運作中進行著，而且可以不斷的發生。

　　「儘管一次又一次地被擊退，我們還是『願意』使主角到達另一邊；我們認同她，並被允許在她戰勝逆境時，獲得解脫和快樂的替代經驗。換句話說，復原性不是一個中性的概念。它帶有一系列關於道德構造、勇氣、耐力、勇敢、力量和良好幽默感的內涵。從精神分析的角度來看，也許復原力的概念吸引了我們一個核心的部分，讓我們與全能繼續連結，堅信我們可以克服阻礙我們的東西，就像魔法一樣……換句話說，精神分析可能會告訴我們，

熱情氣色不曾消褪的苦與痛：
阿莫多瓦《我的母親》《沉默茱麗葉》

復原力在一定程度上是一種幻想。然而，它也可能幫助我們理解，另一種復原力可能會通過放棄這種復原力幻想的矛盾過程而出現。」（註二）

一個關於媽媽團體的實務經驗（內在和外在）

「正是這種通過承擔對自己母職的反應來加強內部資源，可以讓女性釋放情感和智力空間，以進行更有效的養育。這可能意味著，不僅當有空間可用於探索對我們孩子的矛盾情緒時，而且當我們關注到過勞母親在管理每天的矛盾的經歷和意義時所承受的壓力，母親的復原力才有機會發展。」（註二）

從以上引文的概念出發，文章中提到了一個媽媽團體的經驗：

「該團體開始時是一個為期十週的計畫……她們都覺得為母職的經歷既累又壓力大……鑑於她們自己被剝奪和虐待的童年，母親們承受著巨大的內部壓力，要成為自己孩子的可靠父母……她們需要建議和思考空間和時間分享和交談……隨著團體的展開，他們開始承認懷著極大的羞恥和內疚，他們有時會打孩子或傷害他們的孩子，他們為此感到羞愧……當團體結束時，母親們能夠承認她們受益

匪淺。他們說，『傾聽其他母親的故事』和『獲得關於母職的新想法』是有幫助的……該團體的第二階段給人一種截然不同的感覺。母親們普遍表現出沮喪和垂頭喪氣。母職被認爲是沒有回報和負擔的……這群人通過抱怨他們的命運而結合在一起……陷入了一種偏執——分裂的狀態，充滿了多重失落——孩子、家庭和丈夫，或者舊夢和理想化……在沒有改善或恢復覺察的情況下，無法獲得任何恢復力的感覺，這團體在夏天分開了……第三階段……隨著新成員的加入，這個群體也發生了變化。該團體越來越能夠以其自身的力量作爲治療劑工作，從而逐漸減輕了領導者所承受的相當大的壓力……整個團體在其自身的歷史中，已經經歷了兩個決定性的發展階段，新成員可以在此經驗的基礎上再接再厲。也就是說，在經歷了一個非常痛苦但有益和有回饋的開始之後，該團隊在失望和絕望中，交涉了一場掙扎——並在磨難中倖存下來。受苦和忍受正面和負面的團體事件，並通過它們繼續存在，這些現在是團體矩陣的基本組成部分，提供了一個共同的共享基礎和恢復和復原力的無意識元素，任何未來的團體成員都可以藉鑑。」（註二）

　　雖然這一個團體並非對每一位參與的成員都是成功的協助，但是其所表達出來的動力，說明了後天的復原力的

熱情氣色不曾消褪的苦與痛：
阿莫多瓦《我的母親》《沉默茱麗葉》

存在樣貌，那是一種由團隊所引領出來的力量，來自多方向的有情人。

「該團體正在實現其目的。它提供了一個在安全和相互支持的環境中談論母性的空間，幫助母親們更好地理解她們在與孩子的關係中的角色，同時也支持女性自己內在資源、自信和自尊的逐漸成長。」（註二）

同樣面對客體失落的倖存者，聚集起來面對愛恨情仇的一種運作，或可以是一種多情的出路。

「我一直都依靠陌生人的好心而活。」（註一）

參考文獻：

- 註一：《我的母親》經典數位修復DVD。導演：佩卓阿莫多瓦。台聖出版。2021。
- 註二：Lisa Baraitser PHD and Amélie Noack （2007）. Mother Courage: Reflections on Maternal Resilience. Brit. J. Psychother., （23）（2）:171-188.
- 註三：Winnicott, D. W. （1969）. The Use of an Object. International Journal of Psychoanalysis 50:711-716.

王盈彬

精神科專科醫師

精神分析取向心理治療師

臺灣精神醫學會會員

臺灣精神分析學會理事

臺灣心理治療個案管理學會常務監事

臺灣精神分析學會《台南》心理治療入門課程召集人

英國倫敦大學學院理論精神分析碩士

王盈彬精神科診所暨精神分析工作室主持人

熱情氣色不曾消褪的苦與痛：
阿莫多瓦《我的母親》《沉默茱麗葉》

與談人：廖麗霞

　　上週是母親節，我們共時性的討論導演阿莫多瓦的《All About My Mother》，英文片名應是從兒子的視角來看他的母親。劇中描述主角母親曼紐拉（Manuela）原來打算在兒子艾斯特班（Esteban）生日當天告訴他的身世，卻在一起看完《慾望街車》舞台劇後，兒子在大雨滂沱中車禍喪生。悲傷的母親懷著失落，帶上兒子的照片和他的隨身筆記本，重回巴塞隆納這個傷心地，尋找已經變性的兒子父親……

　　盈彬醫師剛才提到「時光不復返」、「無法重來」、「間隔」，對照劇中讓我印象深刻的是，從巴塞隆納到馬德里火車經過的隧道，這「隧道」象徵著間隔、caesura休止符。雖然，時間不斷流逝，生命也無法重來，導演卻藉由片中出現三次往返穿梭這兩個城市的隧道，做爲間隔的連接並延續三個「Esteban（艾斯德班）」的生命。

　　隧道第一次出現是悲傷失落的曼紐拉從馬德里重返巴塞隆納，兒子的死讓她明白深藏對丈夫的恨，造成孩子的傷害，她要彌補對兒子的虧欠……。

　　「17年前，我進行了一樣的旅程，反方向，當時是從

巴塞隆納到馬德里，當時我也在逃避，但我並不孤獨，我肚子懷著小班，當時是在逃避他的父親，現在我打算去找他……」曼紐拉即便傷痛仍堅強的內心呢喃……。

第二次是曼紐拉帶著跟死去兒子同名，並且可能會感染修女媽媽蘿莎（Rosa）愛滋病的小班（Esteban），再次離開巴塞隆納……。

「親愛的阿樂多和如煙，我又再度不告而別……但跟蘿莎父母相處變得難以忍受，那外婆害怕被孩子抓傷就會得病，我帶小班離開，他不用受這種對待，阿樂多，你知道我有多愛你，好好保重……。」這是給好友阿樂多（Agrado）和已逝兒子崇拜的女星如煙（Huma）的告別信，就算再不捨，也要給小班一個遠離傷害的環境。

故事結尾前曼紐拉再次回到巴塞隆納，這次帶著延續兒子生命，沒有被母親傳染愛滋的小班回來……。

「兩年後，我回到巴塞隆納，但這次我不再逃避了，我去參加坎蘆荻醫院舉辦的愛滋研討會，小班這次的報告，病毒呈陰性，他們想研究他的案例，我甚感欣慰。」

生命在斷裂和來來回回之間有了新希望……。

盈彬醫師剛提到倖存者與復原力，我想說說在這部片裡的女人們，她們的故事都跟男人有關，但這些男人卻又在她們的生命中缺席不在。有缺席變性的丈夫、有意外死

熱情氣色不曾消褪的苦與痛：
阿莫多瓦《我的母親》《沉默茱麗葉》

亡的兒子、有傳染愛滋病毒又逃跑的情人、也有失智不記得女兒的父親。雖然如此，女人卻都在這些苦難中倖存下來，我們不免要想的是，到底是什麼樣的力量賦予女人強韌的生命力？

溫泥考特（Winnicott）在《給媽媽的貼心話》（心靈工坊出版）一書提到，「父親該做什麼？」母親做為嬰兒主要照顧者，給予嬰兒抱持的環境（holding environment），讓嬰兒一步一步的認識這個世界，那父親呢？父親是來保護母親，好讓她可以安心跟小嬰兒發展緊密關係的，溫尼考特（Winnicott）說：「家裡需要父親來照顧母親，使她身體安康，心靈快樂。」然而這部片中的男人全部缺席，消失不見的父親，相對比在場的母親呈現的堅強、韌性與寬容。

但這些堅強的女人背後，難道沒有脆弱的一面嗎？

曼妮拉來到巴塞隆納後認識並照顧懷孕後不斷出血的修女蘿莎，一次蘿莎的母親來探望，離開前跟曼紐拉抱怨她不知道到底那裡做錯了，從蘿莎出生以來，母女關係就很生疏，她問了曼紐拉是否有小孩，跟他相處如何？曼紐拉強忍著回答「他已經死了」關上門的那一刻，曼紐拉忍不住放聲大哭，這裡沒有多餘的語言，因為語言無法表達一個母親心靈深處沉重，無法言喻的傷痛與脆弱。然而這

樣深沉難以忍受的創傷，卻也在照顧生病的蘿莎中慢慢修復……。

關於復原力，我很喜歡劇中變性人阿樂多（Agrado）這個角色，她開朗樂觀的性格，為這些女人們帶來不一樣的連結。她的善良一開場就展現，她的職業是妓女，即便被客人強暴，剛好遇到曼紐拉認出她出面援救，她仍扶起客人並告訴對方到哪裡可包紮。也因為她的出現，曼紐拉才得以認識羅莎，而後曼紐拉再把她介紹給知名女演員如嫣，穿針引線的將這些女人們，曼紐拉、蘿莎、如煙、甚至最後才出現已變性的女人羅拉（Lola）她們的生命連結起來，形成一個強力互相支援的系統網絡。

片中的阿樂多對變性後展現充分的自我認同。有一場兩位女演員突然缺席，當時擔任助理的她靈機一動，挺身而出的脫口秀化解危機，並贏得滿堂喝采。她說：

「我終其一生只想帶給大家樂趣多多，我除了人好，還貨真價實，量身打造的身材，眼睛八萬、鼻子二十萬、假奶一邊七萬、下巴削骨七萬五……我要說的是，要成為真正的女人，要付出很大代價，太吝嗇是不行的，因為愈接近夢寐以求的形象，就愈像真的女人」。

然而我很想對阿樂多說，雖然你說著身上整形的價錢，但我看見你那毫無保留的相信自己，展現自己，對於

熱情氣色不曾消褪的苦與痛：
阿莫多瓦《我的母親》《沉默茱麗葉》

別人的攻擊與不尊重，能輕而易舉的化解，並且非常善良有愛，寬容開朗的對待身邊的人。

盈彬醫師最後提到的媽媽團體提供了一個安全和相互支持環境。我在片中也看見導演創造的女人支援團體，有一場如煙誤會曼紐拉，帶著她要給小班的簽名信，來到曼紐拉的住處，恰好巧遇阿樂多來訪，於是四個女人曼紐拉、蘿莎、阿樂多、如媽聚在一起，因為阿樂多吹噓自己吹過多少根老二，如煙剛從洗手間回來聽到回說：「我好久沒有嘗過那一根了」，引來哄堂大笑。

那一刻，所有生命的苦難與不堪，都在笑聲中灰飛煙滅，煙消雲散……。

片尾，導演把此片
獻給所有飾演女演員的女演員
獻給片中所有的女人
獻給片中所有飾演跨性別的男人
獻給所有希望為人母的人
也獻給導演自己的母親

廖麗霞
思想起心理治療中心兼全職實習心理師、臨床學員
桃園市立壽山高中認輔老師
精神分析的愛好者

熱情氣色不曾消褪的苦與痛：
阿莫多瓦《我的母親》《沉默荗麗葉》

罪惡感的鮮艷色彩：借問幽默如何做爲罪惡的客體？

黃守宏

　　沉默的茱麗葉是阿莫多瓦在2016年的電影，也是他的第二十部電影，延續著阿莫多瓦擅長的女性議題，講述的是一位母親身懷著罪惡感和女兒的相處，女主角茱麗葉在火車上遇到一位旅客的搭訕表現冷淡，後這位旅客臥軌自殺，茱麗葉身懷罪惡感，和男主角佐安在火車上發生關係，佐安告知茱麗葉有個臥床的太太，分別後，佐安寫信給茱麗葉，茱麗葉前去找他，就在佐安太太葬禮隔天，二人在一起、結婚並生了一個女兒安堤亞，在女兒去參加露營時，一次爭吵後（爲了佐安和他的性伴侶艾娃）佐安在明知海象不好仍出海而過世。

　　她沒有跟安堤亞談及二人的爭吵，懷著罪惡感，開始陷入憂鬱，依賴女兒的照顧，安堤亞十八歲時去參加修行課程後未再返家，在艾娃喪禮上認識男友，二人原本要搬去葡萄牙，茱麗葉在路上遇見女兒小時候好友後，過去感覺襲捲而來而決定留在馬德里，甚至搬回和女兒以前的

公寓，開始把對過去的一切寫了下來，最後接到女兒的來信，講述了她因為兒子九歲離世開始能理解茉麗葉的沉痛，片尾結束於男友載著茉麗葉去找安堤亞的路上。

今天想要跟大家討論的主軸是幽默，會先整理一下關於幽默的理論，第二部分則是罪惡的理論發展，最後是對電影的一些聯想。

幽默

在佛洛伊德1927年《論幽默》一文中提及，幽默的本質就是一個人免除了，在某個情境下自然發生的情緒，以及用一個玩笑把那些情緒表達的可能性摒除掉，如同笑話一樣幽默也有一種解放的感覺，但它還有一種高貴和高尚（grandeur and elevation）的感覺，來自自戀的勝利，這和在從智力活動中獲得快樂的其他兩種方式（笑話和喜劇）不同，後二者缺乏這樣的感覺；幽默不是順從的，它是反叛的。

它不僅表示自我勝利，還有快樂原則的勝利，這種原則能夠在這裡對抗現實情況的不友好。幽默具有兩個特點：拒絕現實的要求和實現享樂原則。

自我並不是一個簡單的實體。它內在地擁有一個特

殊的機構——超我，作為其核心。有時它與超我合併在一起，以至於我們無法區分它們，而在其他情況下，它則與超我明確區分開來。超我是父母的繼承人，經常和自我保持嚴格的依賴關係，並仍然真正地像父母一樣對待自我；我們假設幽默態度是由於心理灌注，從自我轉移到超我上，而可以得到一個動態的解釋，膨脹的超我可以很容易地壓制自我的反應。

簡而言之，就是主體突然過度投注了他的超我，然後從中改變了自我反應，佛洛伊德在文中作了一個對比：笑話是無意識對喜劇的貢獻，幽默將是通過超我的機制對喜劇做出的貢獻。

我們知道超我是一個嚴厲的主宰。有人會說，這與超我能夠居高臨下地，使自我獲得一點快樂的特性並不相符。的確，幽默的快樂從未達到喜劇或笑話的快樂強度，而且這種快樂特別具有解放和提升的作用。此外，在引起幽默態度時，超我實際上是在拒絕現實並提供一種錯覺，可以用以迴避壓抑及抑制罪惡感。

因此幽默具有逃脫苦痛，放棄現實，讓幻想取代的功能，這和其他的防衛不同，如此不用付出心理健康，因為痛苦並未從意識中撤離，原慾衝動伴隨的施虐或被虐傾向都取代至超我上，而讓自我可以有愉快的活動，這個活

動已經去性化，且沒有攻擊的元素，這是自戀的勝利；Winterstein強調超我中間母親的特質，是安撫的角色，（Lucile Dooley: A note on humor, 1934）換言之，超我是可以很不同於我們對它定的看法，佛洛伊德《論幽默》文末也同樣地表示，超我有許多面向及本質值得大家再去學習的。

除了拓撲學的後設理論外，也有佛洛伊德一以貫之的能量理論在其中，像是幽默可以帶來因情感支出節省的愉悅，以及能量釋放的滿足等，還有如同前幾段所描繪的能量的轉移，這在佛洛伊德1917年的《哀悼與憂鬱》理論後，可以理解從客體身上撤除的能量，可以變成自由且去性化的能量，而能量在幽默中可以形成對超我的過度灌注，完成所謂自戀的勝利，幽默態度維持自戀的二個特色為：第一是那小小的愉悅，意思是自我降格處在小孩的狀態，非但不痛苦，反而有著自戀的愉快；第二則是放任幻想的發生。

在佛洛伊德《論幽默》文末提及：幽默最主要的是所承載的意圖，不論是對自我還是對他人。它的意思是：「看！這裡是世界，它看起來是如此危險！它只是兒童的遊戲—值得開個玩笑！」；他用了兒童的遊戲作為例子，我們可以連結到溫尼考特的過渡性遊戲領域中，將其視為

熱情氣色不曾消褪的苦與痛：
阿莫多瓦《我的母親》《沉默茱麗葉》

一個過渡現象，在這個過渡的空間中，個體不僅可以自由地玩玩具，還可以玩弄身體、想法和語言，甚至是真實及想像中的關係（Dan Darvin: Humor and the psyche, 2000）。

行文至此，我們應可以接受幽默的型式有很多，如果就幽默的兩個特點：拒絕現實的要求和實現享樂原則來看，再加上溫尼考特的論點，語言、文字、影像都可以是表達幽默的的素材，當然包括電影，這部電影其實很難讓人跟幽默作一個連結，我想我們要作的是去擴展對幽默這件事的想像，只要它是符合上述的二個特點，而這二個特點並不需要讓人發噱，再次強調，幽默不同於其他的防衛機制，並未撤離意識上的痛苦，並未經過潛抑的心理機制。

在眾多幽默的型式下，發展出了所謂黑色幽默；黑色幽默的背景是：在無所適從的社會背景下，於是產生了對現實採取嘲笑抨擊，揭露和諷刺，幻想和否定結合在一起的「黑色」的「幽默」，與傳統的幽默大不相同，帶著濃重的荒誕、絕望、陰暗甚至殘忍的色彩，常顯得更加荒誕不羈，同時又令人感到沉重和苦悶（維基百科），用現在的語彙可能會有點接近「地獄梗」，在佛洛伊德《論幽默》的開頭舉了一個殘忍的例子，一名罪犯在星期一時被

送上絞刑台時，他說「這個星期真是有個美好的開始」，他幽了自己一默，這幽默的過程以他自身完成，並且明顯地提供了某種滿足，而我，作為一個未參與其中的聆聽者，感覺自己也許有幾分像他，也產生了幽默的愉悅，這個幽默其實也很「地獄梗」。

電影中出現了一個神話，是卡力普索的故事，是茱麗葉在當代課老師時上課的內容，卡力普索是海之女神，阿特拉斯之女，據說是被奧林帕斯的天神囚禁在島上。不時會有英雄被送到島上來，卡呂普索所受到的懲罰是：她一定會愛上那些英雄，但那些英雄卻不得不離開；希臘英雄奧德修斯（或作尤利西斯）回家的途中，把他軟禁在島上七年，想讓奧德修斯成為她的丈夫；她透過各種才藝來吸引奧德修斯，這幾年時間他們同居在島上甚至共枕而眠，但是奧德修斯仍想回家去與妻子團圓，奧德修斯的守護神雅典娜因此要求宙斯幫忙，宙斯派赫耳墨斯送信給卡力普索，告訴她殘酷的事實，她與奧德修斯並不會有共同的未來，卡力普索雖然很生氣，但是最終還是屈服了，安排奧德修斯重返回家的路上，踏上龐托斯（公海），代表是通往未知和冒險的路。

這個神話預示了茱麗葉沉重的感情狀態，佐安出海，也永遠地離開了茱麗葉，在佛洛伊德1905年《笑話及其

  熱情氣色不曾消褪的苦與痛：
阿莫多瓦《我的母親》《沉默茱麗葉》

和潛意識的關係》（Jokes and their relation to the unconscious）中曾提及笑話是能夠找到不同事物之間的相似性，就是隱藏的相似性，將不同的事物聯繫在一起、揭示對比的觀念、荒謬中的意義等；雖然對佛洛伊德而言，笑話、喜劇和幽默有不同的地方，但借用其義思考，也能有新的發想；卡力普索十分美麗，尤如茱麗葉一樣，卡呂普索這個名字可能來源於古希臘語意思是「覆蓋」或「隱藏」，一如她面對女兒的隱瞞，也如同她面對男友的隱瞞；在這樣的相似性，或是相同之間的差異性，佐安在火車上的相遇後，寫了一封信到學校給茱麗葉，信中提到「我今天沒有去捕魚，今天海象很差，下午有暴風雨，我好想看到你在雨中出現，急著找地方躲雨，而我家就是你的避雨處。」對比佐安過世的那天，海象很差，但他出海捕魚，遭遇不幸，而自行外出的茱麗葉返家時遇到大雨，確實在雨中出現，回家避雨，然而一切都不同了，在這裡可以看到一個對比，是整部電影中最沉重的相似與差異。

罪惡

這部電影，幾乎籠罩在罪惡感當中，從一開始對自殺旅客的罪惡、對佐安離世的罪惡、對依賴女兒的罪惡、對

羅倫佐分手的罪惡感，而且罪惡幾乎無法消融，從茱麗葉以想像寫信給女兒的文字中，可以看到這些罪惡感仍然頑固地存在著，只有隱藏，沒有不見。

　　根據佛洛伊德的原始客體關係理論，罪惡始於超我形成，作爲一種內在禁止，最初是從外部權威起作用。伊底帕斯情結消融後，對父母的認同而建立起來；在《文明及其不滿》中，他描述了一個序列：因爲對外部權威懲罰的恐懼而放棄本能；外部威脅成爲內在的道德警衛。正如佛洛伊德早在《圖騰與禁忌》（1912）中所說的那樣，罪惡是「當我們實現特定願望行爲時的內在譴責的感知」。

　　總結來說，佛洛伊德認爲由於兒童本質上處於無助的狀態，孩子透過幻想來尋求報復，藉由認同權威的全部攻擊性，而這實際上是孩子投射出來的攻擊性；內化的父親可能比實際上更加懲罰性，因爲孩子的攻擊力量被混合在其中；在這樣的想法下，罪惡感被視爲一種成就，這和尼采的理論大相徑庭，尼采的觀點是人類本來在地球上放縱著本能。然而，那些軟弱無能的人只能透過「社會約束衣」的方式，創造了促進善良、價值觀、尊重、自我控制和忠誠等的文化，簡而言之，就是道德。換言之，尼采將罪惡視爲一種倒錯，是對敵意的投射。弱者和嫉妒者將自己與文明聯繫起來，通過道德和罪惡來削弱強者的力量。

  熱情氣色不曾消褪的苦與痛：
阿莫多瓦《我的母親》《沉默茱麗葉》

克萊恩認爲，當孩子在身體和情感上成熟到足以整合時，從偏執—分裂心理位置走向憂鬱心理位置，將好的和壞的形象結合在一起。此時會產生想要修復並爲對象的生存做出貢獻的罪惡感。對溫尼考特而言，罪惡感是關懷能力的發展，是憂鬱心理位置的成果，如同克萊恩一樣，是因爲發現自己攻擊的母親和提供護持的母親是同一人所引發；這個能力和媽媽跟有關係，媽媽必須要給孩子貢獻的機會，就是孩子可以彌補或安慰母親。只有在可能修復的情況下，嬰兒才能容忍對母親造成破壞的焦慮。

　　格林伯格（Grinberg）認爲，克萊恩和溫尼考特都有兩種罪惡的概念，他們主要關注的是與「情感成長」相關的第二種罪惡。他指出克萊恩和溫尼考特對於偏執—分裂心理階段的罪惡並提出了「迫害性罪惡」的概念，迫害性罪惡與早期迫害性焦慮緊密相關，來自被死亡本能主導的受虐自我。這種罪惡的主要元素是憤恨、憎恨和對壞對象的恐懼。

　　精神分析文獻中，存在一種對罪惡本質的兩種相互矛盾的看法，第一種是高級或適應性的心理功能，它是健康、文明和成熟的，與修復和關懷的概念等同；第二種強調了罪惡對心理功能的破壞性作用，特別是與超我的施虐相關的情況，這種矛盾始於佛洛伊德，他提出罪惡不僅是

文明的最高表現，而且還是一種根深蒂固的無法解決的攻擊形式；我們對罪惡有著雙重態度：我們相信它能使我們免於野蠻的本能，否則這些本能如果不能得到正確引導，會導致心理病態；然而，我們一次又一次地注意到罪惡的施虐特質。佛洛伊德（1923）說：可以說，本我完全不道德，自我努力成為道德，超我可以超道德，然後變得像只有本我才能做到的那樣殘酷。

要論荒誕不羈的黑色元素，其實在電影中多有呈現：

1. 管家馬麗安，演員是羅西・德・帕爾瑪（Rossy de Palma），她應是影片中最突兀的存在，她說話直言不諱的方式，內容，在茱麗葉去找佐安時，她第一句話就是跟茱麗葉說，「我想你遲到了，葬禮是昨天」，並急切地想趕茱麗葉回去，還直接透露佐安和艾娃的關係，都令人覺得荒謬，甚至有點可笑；羅西・德・帕爾瑪是阿莫多瓦御用演員之一，年輕的她，臉部線條就像從畢卡索的畫中走出來一樣，即使在電影中的臉部柔和了許多，但仍透過她演繹的方式，讓人不得不注意到她的存在，一如她那特別的臉部線條。

2. 茱麗葉的爸爸是個校長，卻辭職開始務農，並且和看護管家發生婚外情，茱麗葉帶著女兒回家時，發現爸爸的

熱情氣色不曾消褪的苦與痛：
阿莫多瓦《我的母親》《沉默茱麗葉》

出軌後，把媽媽裝點華麗時尚，卻配上媽媽的僵硬，極不協調的組合，令人感到一種憤怒的幽默展現。

3. 茱麗葉的父親和先生身上有一個同質性的存在，就是二人的太太都生病，爸爸找了看護協助，卻與之外遇，佐安的管家馬麗安離開後，茱麗葉找了一個新的管家來協助，新的管家卻年輕貌美，茱麗葉當下告知新管家隔天再來，電影在此，雖無太多著墨，但卻使人不禁另作他想。

4. 佐安和茱麗葉火車上的相遇，收了佐安的信跑去找佐安，是在安娜葬禮的隔天，這二次的做愛都是在死亡之後，把死亡跟活力滿溢的做愛放在一起，是一個荒謬的對比。

最後我想用一首凱莉克萊森的歌作為結尾，小孩在家庭動力裡提早親職化的狀況其實不少見，凱莉克萊森在六歲時父母離異，十六歲時創作了這首歌，中間有一段歌詞也許可以說出安堤亞的心聲。

I watched you die
I heard you cry every night in your sleep
I was so young

You should have known

Better than to lean on me

You never thought of anyone else

You just saw your pain

And now I cry in the middle of the night

For the same damn thing

黃守宏

臺北市立聯合醫院松德院區精神科主治醫師

前臺北醫學大學附設醫院精神科暨睡眠中心主治醫師

前臺北醫學大學學生事務處學生輔導中心主任

臺北醫學大學醫學系專任講師

臺灣心理治療個案管理學會理事

臺灣精神分析學會會員

臺灣精神分析學會台北春秋季班講師

松德院區《思想起心理治療中心》心理治療督導

美國匹茲堡大學精神研究中心訪問學者

  熱情氣色不曾消褪的苦與痛：
阿莫多瓦《我的母親》《沉默茱麗葉》

與談人：劉俊廷

　　「是甚麼讓茱麗葉得知女兒的消息後，不惜拋下目前生活的一切，甚至棄男友羅倫佐於不顧，入住到一個破舊的公寓裡？」這是一個引人入勝也令我印象深刻的開場，我與羅倫佐同樣困惑，看著不安的茱麗葉同時感受她內在不知名的波濤，想更了解卻又只能被強勁地沖退，那不可說的神祕令人不解，茱麗葉搬進公寓並開始訴說她塵封的過去，那又像是一股捲退的浪潮，隨她捲入沉痛的記憶之海。

　　然後電影結束了，我慢慢走上岸，回頭望向名為茱麗葉的那片海，心理想著：「所以我說幽默在哪？」滿頭問號，卻困惑的覺得有點好笑，好像無法在腦海中聯想到相應的畫面與情感，沉重的劇情哪裡來的令人覺得幽默的地方呢？於是我也先將目光移到了罪惡感上，其鮮豔突出的色彩令我馬上聯想起戲中許多的片段與畫面。

　　「不過，即使分析師真的死了，也不會比分析師真的產生報復之心還糟糕。」（Winnicott，客體的使用）關於電影中的罪惡感，最快聯想到的便是火車上的黑衣男子與佐安的死。當黑衣男子試圖關心被樹枝嚇到的茱麗葉

時，或許還在驚魂未定之中，但她冷淡的態度很顯然地並不打算與黑衣男子有更多交集，最後茱麗葉選擇離開了座位，黑衣男子也在那之後臥軌而死，帶給茱麗葉沉重的打擊，而佐安即時的陪伴與安慰成了避風港，使她倖免於被罪惡感的持續摧殘。

直到茱麗葉從管家馬麗安口中得知佐安的花心而爲此與他爭吵，暴風雨奪走了佐安的性命，避風港也因此而崩塌，此刻她的心連同過去的創傷掀起了一場罪惡風暴。不論是誰的死亡，茱麗葉皆與他們經歷了拒絕以及爭吵，而他們的死也都激起了茱麗葉強烈的罪惡感，好像他們都被茱麗葉眞正的毀滅似的，最後無人倖存。

透過想像Winnicott描述客體使用的概念，我也在想這之間茱麗葉經驗到了甚麼？原本摧毀後客體的倖存應使的主體發展出使用客體的能力，但他們的死亡對茱麗葉而言僅是一種存在的逝去？還是有可能是一種對客體眞正的摧毀？此外黑衣男子有意的臥軌與佐安忽視海象的出海，是否也被茱麗葉給經驗爲某種被她摧毀後的報復呢？然而不論是哪一種，對茱麗葉而言無疑都是重創。

在佐安死後，失魂的茱麗葉長期依賴著女兒安堤亞的照顧，創傷的喚起似乎也讓她像是退回到一個自給自足、只能與投影互動的內在世界之中，無法與女兒共享現實，

熱情氣色不曾消褪的苦與痛：
阿莫多瓦《我的母親》《沉默茱麗葉》

從電影的視角來看，在佐安遭遇船難以後，我看到的是一蹶不振的茱麗葉與照顧她的女兒，並無法清楚得知安堤亞的真實經驗為何，電影一幕幕的帶過，接著便是安堤亞的驟離，這其中的空白與母女互動之間的鴻溝如同一片雲霧只能任由我投射想像。

　　面對一名失魂落魄的母親，安堤亞的經驗又是甚麼？透過艾娃的轉述，茱麗葉才從中得知女兒的憤怒與自責，原來安堤亞一直以來都試圖想弄清楚、消化這一切，她是有感覺的，只是對茱麗葉而言，也許安堤亞對此隻字未提，也可能她曾說過，但無法得到母親的回應。

　　父親的死幾乎讓安堤亞也失去了母親，沒有人能夠陪她消化喪父的沉痛，茱麗葉對羅倫佐的不可說與安堤亞對茱麗葉的不可說，似乎也都在表達一種難以接觸的感覺，像是被燒得炙熱鮮紅的鐵片般，鮮豔地令人難以忽視，卻也不想碰觸，或許脆弱的母親讓安堤亞難以摧毀與使用，而她的好友貝雅，即便最後因著安堤亞自身的罪惡而被驅逐，但是在其母親憂鬱的那段空白的日子裡，何嘗不是做為一個過渡性客體，陪伴安堤亞度過艱難的時刻呢。

　　接著回到幽默的想像，一開始從「幽默」與「客體的使用」出發聯想，就讓我想到曾經在網路上看過的一篇趣文，內容講述有位網友發現交友軟體上很多人的自我介紹

常提到他們想找一個擁有「有趣的靈魂」的伴侶，該網友將此現象提出，後來發現原來很多人也同樣對此有感，並提出疑問，到底尋找有趣的靈魂是甚麼意思？留言區有個網友回應到：「要找有趣的靈魂去觀落陰比較快！」幽默的回應令我印象深刻。從這個現象發想，好像主體很自然地也會想找尋一個趣味相投，能彼此幽默的客體。

　　透過黃守宏醫師對於幽默理論與定義的整理，我理解到一種不同於以往對超我的想像以及對幽默的理解。超我除了原先嚴格的特質，卻還具有母親的特質，是安撫的角色，使主體逃脫苦痛、放棄現實並讓幻想取代，好似一種對主體施加幻術或是灌醉的感覺，意識著痛苦卻能避開負向的情感。或許這也在說明，幽默做為一個客體，是如此令人嚮往，有誰不想處在痛苦卻又能一笑置之呢？

　　然而從上述網友的幽默回應，好像也從中表達想要找一個有趣的靈魂來當伴侶那大概是很多人心中的願望，但卻也不易達成，或許現實隨之呈現，吐槽後的失落之餘似乎也更腳踏實地了一點。從喜劇、笑話，令人發笑的幽默形式到後來的黑色幽默，對於幽默的定義更加擴展，我也較能擺脫懊惱的感覺，重新從電影中拾回一些對幽默的聯想，雖然不見得讓人覺得有趣，然而那些既相似卻又呈現出對比的場景與對話，卻也像是泡在悲痛的茱麗葉之海中

　熱情氣色不曾消褪的苦與痛：
　阿莫多瓦《我的母親》《沉默茱麗葉》

沉潛時的每一次換氣。

　　循著一些對比與相似性的感覺，我再度聯想到茱麗葉與火車上的兩位男性，黑衣男子與佐安的互動所呈現出的對比。相比主動關心的中年男子被茱麗葉果決的拒絕，與佐安的相遇卻像是命中註定，茱麗葉不假思索的就答應了佐安的邀請。兩位男子在相貌、年紀以及給茱麗葉的感覺皆呈現出對比，卻也都在死後帶給茱麗葉罪惡感的衝擊。茱麗葉面對兩位同為男性的兩人也呈現出某種反差的態度，觀看時當下腦中不禁浮現「人帥真好，人醜性騷擾。」這句粗魯而武斷的嘲諷。

　　或許茱麗葉對兩位男子的反應呈現不同其背後的因素有許多，但從外在的對比卻也真實傳達出一種對於人性有時膚淺的無奈與現實。或許順著茱麗葉當時覺得如果當時的自己不走開黑衣男子就不會自殺的邏輯，那麼我也在幻想或許在某個平行宇宙兩位男子的相貌調換時，長的像佐安的黑衣男子或許也將迎來茱麗葉不同的反應，故事有所不同，茱麗葉或許也不必承受如此多的痛苦了。

　　關於幽默與罪惡理論的理解有些聯想，我注意到好像不管是討論幽默或是罪惡，超我都在其中扮演一個重要的角色，其做為自我內在的一個特殊機構，既可以折磨主體，也能帶其脫離苦痛。在罪惡的理論提到精神分析對於

罪惡本質矛盾的看法，超我也同樣給我一種好與壞兼具的矛盾感，或說有一種超我說了算的主宰性，這也讓我想起在討論幽默中提到超我是父母的繼承人，也代表超我如同父母照顧對嬰兒一般握有生死的權力，同時兼具父性嚴厲與母性照顧的本質。

從罪惡的角度可以是主體產生自我攻擊或適應環境，而從幽默來說也可以是脫離苦痛並迎來自戀滿足的勝利，或許面對強大超我為核心那無法消融的罪惡感，幽默正是在其中扮演一個重要的角色，透過同樣來自超我所形成的幽默態度與罪惡共舞。

「生活本身就是一種有意義的心理治療。」（客體的使用）生活帶來各式的經驗，而經驗給予我們感受跟思考的機會，得以更認識自己也更認識這個世界。Winnicott提到分析並非一種生活方式，但我也在想分析或治療卻也很真實的在日常裡成為生活中一個重要的部分，透過分析師的心智來覺察意識之外的事物，再回到生活中得到更流動的體驗。幽默作為人內在的某種經驗或態度，也同樣以各種形式存在於生活之中，然而透過沉默茱麗葉此部電影來體驗其中對於幽默的使用，摧毀了起初對於電影的想像，幽默蘊含的更多特質與現實也就能被主體所見並與之共享，而在更豐富的感受中增添觀影的趣味。

熱情氣色不曾消褪的苦與痛：
阿莫多瓦《我的母親》《沉默茱麗葉》

劉俊廷

文化大學心理輔導學系碩士班學生

台北市立聯合醫院松德院區思想起心理治療中心 兼全職

實習心理師、臨床學員

精神分析愛好者與學習者

情感是種難斷的癮：探問悲憫如何做爲情感的客體？活著的人共飲悲傷內疚的酒

郭淑惠

> 什麼是真正的成癮？成癮是一種標誌，一種信號，一種痛苦的症狀。
>
> 它是一種語言，告訴我們必須理解的困境。
>
> （引自Alice Mille (2009), "Breaking Down the Wall of Silence"）

（一）從來沒有分離，只有分離的威脅

一封寄不出去的長信，娓娓細訴母親（茱麗葉，Juieta）未說出口的祕密，與女兒（安提亞，Antía）失蹤12年的痛苦。這封書信成了一個容器，將茱麗葉的心思、情感、理想、過往人事物……等等都容納了進來。沉默，不是無話可說，而是心中許多聲音是不明的、壓抑的、害怕說出來，或是不敢直接表達的。書寫成爲一個管道，外

在真實與內在心智互相的流通，此時此刻千言萬語，下筆成了一次次冒險的行動。正如Winnicott（1967）在《文化經驗的所在》文中開場的詩句：

「在大千世界無量無邊的海岸邊，孩童遊戲。」（泰戈爾）

書寫時自我的內在與外在正經驗什麼？或許有一個中間區域？溫尼科特（1971）提出我們不只是要好奇地問：「我們到底在做甚麼？」另外也要問：「我們究竟身在何方？」

「有創造力的遊戲與文化體驗的位置就介在嬰兒與母親之間的潛在空間，這個區域出現的時間，是在小嬰兒有能力拋棄客體，將它看成非我的時期，也就是跟客體融合狀態結束時。」（Winnicott, 1971）

茱麗葉書寫時心中的對象——"Antía"，在真實世界無法觸及的女兒，由書寫進入這個過渡的潛在空間得以再被經驗，為失落客體的情感提供了一個關照與悲憫。原本對女兒的依賴，害怕失去的恐懼，因著這個潛在空間的出現，有一個對象可以對話與傾聽祕密。

熱情氣色不曾消褪的苦與痛：
阿莫多瓦《我的母親》《沉默茱麗葉》

「這讓『非我』從『我』中分離出來成爲可能……，個體通過創造性遊戲，通過使用象徵，以及通過一切最終累積成爲文化生活的事物，來充實潛在空間，而這就避免了眞正的分離」（Winnicott, 1971）

　　溫尼科特（1971）認爲，人類之間從來就沒有分離這回事，只有分離的威脅（threat of separation），這個分離的威脅會是極大的創傷或是很小的創傷，全看最早的分離體驗而定（Abram ,2018, pp.350-351.）。電影中並未著墨於茱麗葉與她母親或是她和安提亞的早年母嬰關係，不過電影中茱麗葉的長信中，會發現有這麼一個過渡空間，在這裡情感與心智同時既分離又結合。

　　「……遊戲和文化體驗是我們以一種特殊方式珍重的那些東西；這些東西連接著過去、現在和未來；它們占據著時間和空間。它們強烈要求並且得到了我們刻意集中的關注，雖然是刻意的關注又沒有人刻意努力。」（Winnicott, 1971）

　　茱麗葉提筆寫下的第一個字"Antía"，重新在心中爲女兒找到一個位置，書信的書寫成了一個「涵容」的空間，等待著思想者將早已存在的思想安放進來，自由情感抒發，自由聯想書寫，放掉對生命經驗、所有情感的評價，只是允許發生與觀照此時自我，祕密便輕輕地由沉默

的海底浮出水面。茱麗葉在書寫的潛在空間中，對著女兒述說，此時「我」、『非我』得以分離，找回重新的自己。

「客體早已在那裡等待著被發現……創造出來」（Winnicott, 1974）

（二）對女兒情感的成癮

女兒不告而別離家後的第四年，茱麗葉心灰意冷地將女兒的東西清掉，搬離母女同住的傷心地，讓新家裡沒有安提亞曾經存在過的痕跡，逐漸讓女兒身影沉入記憶深海中，漸漸地不再想起，忘掉了痛苦。當茱麗葉準備與男友開展了新生活，馬德里，這不願再回來的傷心地，卻在搬家前一天聽到女兒朋友說遇見安提亞，聽到這些消息她開始失魂落魄，拼湊著碎片般的訊息。

當戒癮者重新接觸到藥物，原來的克制及復原之路，一夕之間毀壞。正如茱麗葉在信上寫的：「勒戒的毒蟲只要再犯上一次毒癮，不管先前這幾年多麼努力，再犯後，總是最致命的。我戒掉你好多年，但我不該燃起找到你的希望，或聽說你的事。這荒謬的希望，粉碎我建構新生活的脆弱根基。」（引自《沉默茱麗葉》電影）

熱情氣色不曾消褪的苦與痛：
阿莫多瓦《我的母親》《沉默茱麗葉》

女兒如何變成茱麗葉成癮的物質？從茱麗葉在面對二次的創傷經驗，她缺乏足夠的心理能量去應對。她選擇逃避和轉移到另一個人的情感，以迴避內在的驚嚇、自責、悔恨等等的複雜情感。第一次火車上陌生男子搭訕，她選擇離開，陌生人自殺，在當晚她與佐安陷入愛情發生性關係；第二次和丈夫佐安吵架後，丈夫在暴風雨海上遇難，她長期陷入憂鬱，女兒成了當時的救星，讓她可以依賴。

　　溫尼科特曾寫過一首《那棵樹》的詩，回憶了自己早年經歷，母親總是很抑鬱，無力容納和護持他，其中他寫到：

「下面的媽媽總在哭泣，哭泣，於是我知道了她

有一次，躺在她的腿上，就像現在躺在死去的樹上一樣

我學會了使她微笑，抑制她的眼淚，免去她的罪過，治療她內部的死亡

我的生活就是為了激活她的生活」（Winnicott, 1963）

　　當抑鬱的狂浪襲來，或許無法獨立面對，得以躲入兩人情感的洞穴是安全的，麻痺對痛苦感受的知覺，不論是愛情或親情，皆成為茱麗葉的避風港，一種防禦形式。在重大的創傷事件後，尋找一段關係來屏蔽太過痛苦的經

驗，形成一種對於愛或情感的成癮，這導致更大的逃避，
眞實只是暫時地潛伏，等待著下一個重擊的時機。

　　茱麗葉對於痛苦的事實，一直未說出口，直到她寫在
給女兒的長信上。她原本築起的高牆讓她以沉默把這些都
遮蔽、隱藏起來，不知道要將這些關於死亡、無法重來、
無法思考、無法怪罪任何人的感覺說給誰聽。寫信，作爲
一種經驗的再思考，對著心中女兒的想像述說，是一次重
新揭開傷口，不再以漠視作爲一種安撫自己的手段，讓文
字與言說得以成爲推倒沉默高牆的力量。

（三）死亡讓我們失去彼此，沉默的內疚感像病毒般傳染開來

　　安提亞18歲參加了庇里牛斯山的爲期三個月的修行，
出門後便斷了聯繫，心中對四年前父親意外過世的內疚及
長期壓抑對母親的不諒解，使她選擇逃離這段母女關係。
父親意外過世的那一天，青春期的她正開心地在外地露
營，母親無法經得起喪夫之痛，崩潰自責、陷入憂鬱狀
態。此時，安提亞得強打起精神，與好友貝雅照顧無法生
活自理的母親。她沒有機會哀悼，反而強行隔離了對失去
父親的悲傷，以及對母親的不諒解。父親意外死亡的創傷

熱情氣色不曾消褪的苦與痛：
阿莫多瓦《我的母親》《沉默茱麗葉》

帶來了一種情感上的剝奪（deprivation）。

溫尼科特提到當母親抑鬱時，孩子無法分辨自己的抑鬱和母親的抑鬱：

「孩子利用母親的抑鬱作為逃避自己抑鬱的工具，這提供了一個與母親聯繫的虛假的補償與修復，也妨礙了個人補償（restitution）能力的發展，因為補償與兒童的內疚感無關。」（Winnicott, 1948）

Winnicott把「剝奪」描述為失去了在嬰兒或孩童所知覺到的好經驗，這失落是來自於外在客體（通常是父母）的失落。這個失落往往持續而且超過孩童所能處理的，直到他對自己的父母和整個世界的信心都破滅。因著這個斷裂，他困陷在某種原始無助與內在崩潰，而且無人可以在這痛苦的危險中護持住他，而他試著想藉由護持住自身並遠離危險來預先制止這個災難。於是，他建構了一個順從自我，設計用來契合某個危險世界，以適應外在要求而不是他的自身需求。因而在當下對失落或破碎的覺醒，孩童變得不自然地「好」。透過留住這個「假我」，他的「真我」才可以被保護；付出的代價是切斷從自身真正的需求、愛與憤怒中，建立起生活及與人關聯的連續性。（Gomez, 2006）孩子犧牲了自己的需要，通過參與母親的心情而承受母親的罪疚感和抑鬱感，他必須設法維

持母親的活力。（取自郗浩麗，2007）

　　在父親意外過世後這四年母女相依為命，安提亞忙著照顧茱麗葉和自己的課業，茱麗葉無法阻止女兒成年後的離家，但心中極度的害怕，「要跟你分開，我嚇壞了。」當女兒拿上行李關上家門的瞬間，分離讓內在的空洞被感覺到——這是接近死亡般的恐懼。在得知女兒不願被找到時，從生氣到失落到絕望，一個人點著蛋糕上的蠟燭，憤怒的將蛋糕丟入垃圾桶，這只是一年中的一小片刻，心中掛記著那人的身影反覆地盼望到失望的迴轉，失蹤的人比死亡的人更令人痛苦，因為懸掛著的心起起伏伏，無法安寧，無法好好地悲傷，悼念失去。

　　茱麗葉未曾將25歲那年在火車上發生的事告訴任何人，包括女兒問她父母怎麼認識的，她也只輕描淡寫的說在火車上。最後在一封寄不出去的長信，娓娓細訴當年未說出口的祕密。陌生男子說：「看到你一個人，心想我們能作伴。」陌生人的注視下，在對坐的火車廂中，茱麗葉選擇離開。離開，丟下寂寞的陌生人，在火車緊急煞車聲中，她手中正讀著《希臘悲劇》，突然得知陌生人的自殺，使得茱麗葉的良心或道德意識感到罪疚；多年後，離開，先生過世，茱麗葉得了憂鬱。她被巨大的罪疚感壓得喘不過氣來，死亡無法改變，也無法對死者質問，茱莉葉

熱情氣色不曾消褪的苦與痛：
阿莫多瓦《我的母親》《沉默茱麗葉》

便像是普羅米修斯背著罪疚的石頭，一日過著一日。

　　安提亞歸罪自己，在父親在暴風雨中遇難時卻在露營地玩得開心，她認為：「人人都會得到應得的報應」。安提亞所謂的報應，在得知真相便走上自我懲罰旅途，她突然變另一個人，告訴好友「我以我們的關係為恥，不想有任何牽扯。」，像俄狄浦斯國王挖瞎自己雙眼，終生自我放逐。火車上的陌生人早已計畫好要自殺，或是佐安選擇天氣不佳仍在海上捕魚。死亡，瞬間抽走了呼吸的空氣，活著的人無法理性的思考，咎責自己應該得到了報應，不允許快樂，不值得被原諒，在羞愧中無法與他人言說，但罪疚感在無言中，漫延到活者的人的世界，無法自由，無法呼吸。

（四）死寂母親，孩子無法觸及的愛

　　安提亞在母親逐漸好轉，無預警的離家，是一種無聲抗議她被剝奪的好經驗，她刻意消失不願意被茱麗葉找到，以一種象徵的形式來補償她的失落，破壞母女的愛恨連接。茱麗葉再次在這次的失落中崩潰，她在不停的期待、失望、憤怒中循環。打破這循環的方式，便是撕掉女兒的照片、搬離兩人住過的公寓，讓自己斷開一切。不斷

等待地過程中，茱麗葉將其欲力投入在離開的女兒身上，有一個幻覺是女兒會回來，當多年等待過程，欲力投注失敗，不再持有幻覺，將關係決然地斷裂，難以在「全有一全無」之間擺盪，無法在充滿回憶的空間進行哀悼與等待。

茱麗葉在丈夫過世後，過大的打擊使她退行，需要女兒幫她洗澡，像行屍走肉般被女兒帶著，這時候女兒成了堅強的照顧者，而不是共同經歷喪親的孩子。茱麗葉在依賴女兒的狀態下，逐漸恢復可以自理，但是在情感上的依賴很深。當女兒失蹤，最大的打擊是女兒不願意讓她找到，她從未發現原本母女關係早已被破壞，這種無法與外界情感連接是在失落創傷後的憂鬱狀態，母親處於這樣的低落也影響著身邊的孩子。

André Green（2001）提出「死寂母親（The Dead Mother）」的觀點，客體並未死亡或失去，但陷入一種深深的憂鬱，客體在身邊卻是人在心不在，雖生猶死。母親在患上抑鬱症之後，在孩子心中形成的意象，將原本對孩子而言是活生生、生命力的源泉的客體，變成了遙遠、無聲無息、幾乎無生命的形象。在孩子努力試圖修復陷入悲痛中的母親，卻徒勞無功之後，這使他感到自己的無能，母親的抑鬱，使他經歷著失去母親本人的威脅。他通

  熱情氣色不曾消褪的苦與痛：
阿莫多瓦《我的母親》《沉默茱麗葉》

過各種積極的方法對抗焦慮，其中包括不安、失眠和夜間恐懼等症狀，自我將展開一系列不同類型的防禦機制。（André Green, 2001）電影中並未多加描繪安提亞的情緒，但不告而別的離開是一種隔離痛苦的防禦機制。在孩子的眼裡，母親是一個活著的人，但是她的死寂和空洞，使得孩子無法哀悼失去了原本活力的母親。

（五）惟有出走，成為自己和孩子的母親

安提亞從管家那裡知道了佐安死前當天和茱麗葉的爭吵，安提亞不只因為意外失去了父親這個人與父愛，也同時凍結了與母親間的感情。在不告而別之前，她未曾表露出對茱麗葉的埋怨或是憤怒，抑制的情緒最終只能以自我放逐，不與任何人聯繫，帶著心中對父親死亡的內疚，以及無法對茱麗葉表達的憤怒，封閉了自己對母親和朋友的情感，遠走他方。

自我發展了一系列的防禦機制，內在有其心理運作。André Green（2001）指出最重要的運作有二個部分：對客體撤退投注（decathexis）心理能量以及對死寂母親的無意識認同。撤退投注的部分，主要是情感上的，將內在客體以沒有仇恨的方式殺死，因為感知到母親的痛苦，使

得任何有損客體的仇恨都被排除在外。母親活著並照顧著孩子，但不在場，並不是全心全意地關照著，孩子與母親間的關係形成了一個空洞。撤退投注的另一面是對客體無意識認同作為主要模式，透過認同與模仿成為客體，以擁有客體。撤退投注是報復性的，它試圖擺脫對象；而認同則在主體的自我無意識和意志之外，不知不覺地發生。這也使得它具有疏離特徵的所在。從安提亞的不告而別、到自我放逐只是防禦機制的行動化，內在的疏離與空洞，無法憎恨也無法愛。

安提亞在母親陷入憂鬱時，迅速長大，成為茱麗葉的照顧者提供支持。茱麗葉在失去丈夫的那一刻的崩潰掉，對安提亞像是一場土石流將她內在貫注愛的客體給活埋了，孩子記憶中母親的形象崩解消失掉，母親像是凍結或是被封裝了，無法能經驗到母親的抱持（holding）及關注。記憶刻痕反而在心中留下一個大洞，感到空虛及孤獨，這種空洞感無法被恨所填補，因為她得排除內心對脆弱母親攻擊的恨意。死寂母親，主體缺失愛的客體，所裂開的大洞無法愛也無法恨，令人孤寂到害怕。

安提亞不是選擇自我放逐的遺世孤獨，而是讓自己成為一位三個孩子的母親，以擺脫對死寂母親的認同，惟有生下屬於自己的孩子，才能擁有可觸及真實的愛，開啟屬

  熱情氣色不曾消褪的苦與痛：
阿莫多瓦《我的母親》《沉默茱麗葉》

於自己的生活，爲自己的孩子創造一位能激發他們成長的母親。

（六）切斷依戀，等待，重新找回失落的客體

對女兒的癮是一種情感上的依賴，在幻想的城堡中得以逃避不想要面對的迫害，女兒成爲茱麗葉最後一個逃避城堡。從瘋狂尋人到放棄，憤怒讓茱麗葉切斷對女兒的依戀，重新在馬德里找一個沒有女兒回憶的住所──「一個你沒有留下任何痕跡的地方，沒有任何東西會讓我想起你」。思念女兒有著像物質成癮的病症，使人出現強迫性的行爲、經常性地出現不可控制性的渴望、不斷地尋找該物質的行爲，在四年的尋覓等待不到女兒之後，不再沉溺於思念的折磨，心灰意冷地離開傷心住所，將一切打包封存，不再碰觸，得要無情斷開才能重啓自己的生活及關係。

女兒離家的前一刻，女兒在行李箱中塞入了父親的魚網，茱麗葉沒有注意到女兒這麼多年一直沒能好好的哀悼她父親的死。茱麗葉內心恐懼著女兒沒在身邊會不知如何存活，女兒將這視爲一種情感勒索，她只能合理化女兒長大了。安提亞切斷母女間過度依戀，是青少年階段的獨

立需求？或是意識到爲死寂母親不斷努力的假我？或是她需要悼念好讓父親可以活在她的心中？女兒的出走是切斷連結、是獨立長大，是無情行動，是哀悼父親、是迎向世界……，無疑是對於母親客體的攻擊（agression），溫尼科特（1968）表示在客體關連到客體使用之間的改變有一個重要的歷程，即客體在被主體的摧毀中要能夠倖存下來，客體或多或少能保持著原樣，並沒有以拒絕或懲罰進行報復性反應。

「摧毀一個有能力倖存下來的客體（它沒有產生反應或消失），其結果就導致了客體的使用。」（Winnicott, 1969）

當確信女兒是故意消失不被找到時，茱麗葉得開始面對生活，讓自己活下來，在新的伴侶羅倫佐的出現後，好像可以重建生活，但是地基是不穩的。

十幾年後，在得知女兒的消息，原本不穩的地基面臨崩塌。重建起來的整體生活看似健康與幸福，其實底下是沒有地基的，空洞的地下層是無法打開來看一看、想一想，是一片記憶深海，女兒的形影深藏其中。假裝，欺騙潛意識跟自己說我過得很好；健忘，抹除意識中你存在的事實；遠離，證明自己已經戒掉了女兒這成癮物質。這一切都只爲了逃掉情感上的痛苦，讓身心不被侵擾折磨。

  熱情氣色不曾消褪的苦與痛：
阿莫多瓦《我的母親》《沉默茱麗葉》

然而，心理的癮一旦發現了一絲絲的線索，但不可克制地連結上，也看清了想要切斷是自欺欺人。以書寫梳理著對女兒分離獨立的憤怒與恨意，茱麗葉發現在女兒離開之前，自己早已一無所有，只剩下女兒的存在，女兒的失蹤摧毀了她的生命，讓一無所有陷入更深的空洞。

　　溫尼科特以濃霧的比喻來描述抑鬱心境：

　　「……籠罩城市的濃霧代表了抑鬱心境。所有一切都緩慢下來了，被帶入一種趨向死寂的狀態。這相對死寂的狀態控制了一切，而在人類個人的情況中，它模糊了其本能和關聯到外在客體的能力。逐漸，濃霧在一些地方變薄，或者開始散去。抑鬱心境的強度減輕了，生命又重新開始了……」（Winnicott, 1963）

　　書寫讓茱麗葉開始說出自己的祕密，有一個地方可以說出自己感覺，把混亂又模糊、靠近又陌生的情感經驗好好地梳理一番，看到自己對待女兒的樣子，像是一個成癮者對物質的依賴，而不是一個抱持關懷孩子的母親。這個看見讓茱麗葉覺察到再次瘋狂搜索女兒的舉動，如此之荒謬及失去理性。自我書寫所帶出來的洞見能力，類似溫尼特使用「觀察性自我」（observing ego），這個術語，來描述病人在分析中進入到一種退行狀態，然後能從這狀態中走出來的能力。像是一個第三隻眼睛在一個較高或較

遠處觀察著自我，而非深陷在泥淖中不自知。

　　即使想要請女兒原諒，也不知道如何聯繫上。女兒離家多年後養育三個孩子，當九歲的兒子（她用了和父親一樣的名字也叫佐安），在水中溺斃。遭受喪子的打擊，讓安提亞再次經驗喪親的痛苦，提筆寫信給母親，留下了住址。她感受到這喪子的心慟令人瘋狂，她連結到母親失去她也是如此感受，同理，是在兩人都有了類似的遭遇，我知道你的苦，原來失去的客體，其實一直都在，只是以為被自己摧毀了，直到自己也經歷喪子悲傷，母親客體的生命韌性，修復著等待再被孩子找到。

　　沉默，其實也是一種抑鬱的姿態。溫尼科特提醒，最好不要去「鼓舞」那些抑鬱的人，而是用「等待」。一位能感受到抑鬱的健康個體，其實處在解決某個問題、修通某個失落的過程中，就猶如正處於服喪中的個體。

　　「……抑鬱是一種療癒機制；它用一層迷霧覆蓋了戰場，允許個體減緩發展進程去整理一下，提供一些時間來實驗所有可能起作用的防禦，為的是一種修通，以便最終能夠出現一種自發性恢復。」（Winnicott, 1954）

　　等待，需要耐心與時間，需要耐受一種治癒的欲望。溫尼科特認為：抑鬱的內部隱含著康復的種子，能夠感受到抑鬱的能力是健康的一種標誌，能意識到失落與罪疚，

　熱情氣色不曾消褪的苦與痛：
阿莫多瓦《我的母親》《沉默茱麗葉》

能夠促進個體承擔責任，並產生出要做出貢獻的願望。這標誌著個體已經達成了「單位體狀態（unit status）」的成就，能區分「我」與「非我」的時候，並獲得了擔憂（concern）的能力。安提亞一直記得母親，每年寄來沒有地址的卡片，直到最後一次留下了地址，大兒子溺水死亡的悲傷，同理到母親失去丈夫和女兒的共同處境。Winnicott（1968）認為健康發展的終極性目標發現和使用客體的能力，對他來說，能夠被其它人發現和使用是一種值得稱讚的事情。《沉默茱麗葉》電影的最後一幕，茱麗葉正驅車前往尋找失蹤12年的女兒安提亞。

> 「嬰兒和母親的溝通，可以用以下這些話代表：
> 我發現了你；
> 當我最終認識到你是非我時，
> 你便在我對待你的方式中倖存下來；
> 我使用你；
> 我忘記你；
> 但你記得我；
> 我一直都不記得你了；
> 我失去你了；
> 我很悲傷。」（Winnicott, 1968）

參考資料：

- Abram, J.（2018）. The language of Winnicott: A dictionary of Winnicott's use of words. Routledge.溫尼科特的語言。趙丞智等譯。重慶大學出版。

- Green, A.（2001）. The dead mother. In Life narcissism death narcissism. London/ New York: Free Association Books.

- Gomez, L.（2006）.客體關係入門：基本理論與應用。五南出版。

- Miller, A.（2009）. Breaking down the wall of silence: The liberating experience of facing painful truth. Basic Books.

- Ogden, T.H.（2016）Destruction Reconceived: On Winnicott's 'The Use of an Object and Relating through Identifications'. International Journal of Psychoanalysis 97:1243-1262

- Winnicott, D.W.（1971）.The Use of an Object and Relating through Identifications. Playing and Reality 17:86-94.

- 郗浩麗（2007）。客體關係理論的轉向：溫尼科特研究。福建教育出版社。

熱情氣色不曾消褪的苦與痛：
阿莫多瓦《我的母親》《沉默茱麗葉》

郭淑惠

諮商心理師

新竹《心璞藝術》心理諮商所所長

精神分析取向心理治療師

臺灣精神分析學會會員

臺灣藝術治療學會專業會員

松德院區《思想起心理治療中心》心理治療師

台北市立大學教育學系教育心理與輔導組博士

與談人：王怡萍

　　接著淑惠的第三點，死亡讓我們失去彼此。電影的最後一幕是母親正驅車前往失聯12年女兒的所在之處。

　　我在想的是：

　　一開始，當我看到題目是悲憫作爲情感的客體時，我不太確定這是什麼意思，所以我開始在想何謂悲憫？定義是什麼？是同理？是同情？還是慈悲大愛？而悲憫在這裡被作爲情感的客體，所以這當中是在指一個連結嗎？當有客體時意味著有關係與主體，是指用悲憫連結著客體與主體嗎？我想到的是，當安提亞也經歷了喪失摯愛的痛苦，當她深刻體會到失去孩子的難受時，似乎他才能開啟對母親關上的大門，重拾與母親的連結（題外話：我覺得蠻有趣的是，大兒子的名字與父親同名，所以她是再次失去了什麼嗎？但不可否認的是，同樣是至親的失落）。因爲此刻安提亞似乎明白自己與母親的斷連，所帶給母親的感受爲何，爲他也正經驗著兒子死亡後的傷痛。

　　當女兒心中也有這個失落時，她才能理解媽媽失去自己的痛苦，是這樣嗎？華人社會常說「等你當媽你就懂了」，是類似這樣的感覺嗎？悲憫好像一種同情，一個人

熱情氣色不曾消褪的苦與痛：
阿莫多瓦《我的母親》《沉默茱麗葉》

有著傷痛，看見另一個有著相似傷痛之人，所產生的一種情感的連結，「我同情你，因為我也經歷過。」是這樣嗎？所以悲憫作為一個連結，重新在安提亞內心裡重啟與母親的連結，這部分是我所好奇的。所以女兒才終於可以對媽媽開啟一道新的道路，讓媽媽跟自己重新走向彼此？而這又接回淑惠的第六點，重新找回失落的客體。

淑惠的聯想剛好也是我正在好奇的，是什麼讓安提亞能夠在內心中，與媽媽重啟聯繫。父親的死亡，讓母女倆失去彼此，但是什麼讓他們重拾彼此？悲憫又是怎麼作為他們情感的客體或是連結。茱麗葉失去了安提亞十二年，而安提亞失去大兒了多少年了？茱麗葉在失去女兒的這些年，她要如何作為過來人來回應自己的女兒失去兒子的傷痛？如果說茱麗葉過去是使用女兒作為毒品，隔離著罪惡感與過去一切創傷，那這次與安提亞的相遇，是再次碰毒？再次把這個情感的客體拿回來使用？還是會是不一樣的聯結？女兒會是女兒嗎？還是依舊是媽媽的照顧者，媽媽的媽媽。

回應著淑惠的第二點，對女兒情感的成癮。似乎茱麗葉使用著女兒，阻隔著與自我經驗的接觸。女兒的抽離強迫茱麗葉戒毒，但她仍跟經驗保持的距離，直到分離多年後收到女兒的消息，她才開始提筆寫信面對這些經驗。是

什麼讓她這次終於願意提筆，去面對她所逃避的罪惡感？我在想茱麗葉在書寫中一次次的崩潰，是她終於面對自己的創傷，那段寫給女兒的文字，那封信或書，似乎也成爲了一個客體跟過度的空間。淑惠在第一點中所提到的，外在眞實與內在心智互相的流通，書寫成爲一個管道。

茱麗葉似乎進入了這一個特殊的空間，茱麗葉腦中想著的是對女兒訴說自己的創傷，在她的經驗中客體似乎是女兒。但消化這個過程的，似乎是茱麗葉與自己的文字。傷痛沒有過去這回事，它在經驗中留下了回憶，並用各種方式呈現在生活中，記憶它以行動的方式呈現；如果用力的壓它，使用毒品迴避它，代價就會以其他的方式跑出來。這讓我想到茱麗葉在與佐安相遇後，她去到佐安的家住了下來，她在電影裡說到「我覺得被困住了，但同時感到自由。」

茱麗葉逃掉了罪惡感，困在了佐安的臂膀中獲得了自由，就像佐安家中那能望向大海的窗，大海看似自由遼闊，但茱麗葉困在那扇窗裡，只能從窗內向外看；也讓我想到茱麗葉的媽媽，住在能看到田野的房內，看似擁有不錯的美景，但事實是她臥床，甚至被鎖在房內；看得見美景，卻困在了房裡，這是代價嗎？又讓我想到淑惠文本中說的，安提亞壓抑的情緒最終只能以自我放逐來回應。放

熱情氣色不曾消褪的苦與痛：
阿莫多瓦《我的母親》《沉默茱麗葉》

棄真我，回應外界，然後離開家裡。

這些是我的思索。

好的，我還想到：

那原本的傷痛呢？那個撕裂母女的創傷，當年安提亞失去父親時的疼痛呢？父親以身體死亡的方式離去，而母親則以精神死亡的方式活著卻已不再存在著。淑惠第四點提到的：死寂的母親，孩子無法觸及的愛。安提亞似乎同時失去了雙親，一夕之間成為了孤兒，同時也一瞬間長大成人，將自己的罪咎、傷痛跟真我，埋到最深處。照顧起母親，她滿足著外界的需求。有種感覺是，她讓出了自己的空間，把自己讓給了媽媽，照顧著茱莉葉的身體與精神。安提亞成為母親的容器，將自我封印起來。這也讓我在想，誰才是誰的母親？安提亞的真實與母親斷聯，直到成年之際才透過離家的行動，將之具象化。

母親成了憂鬱的死亡客體，切斷了她原先能給予女兒的滋養，反過來女兒成為照顧者。女兒先被切斷了，最後她也用切斷連結來回應。安提亞切斷的自己與失落經驗的接觸，最後將之化成行動，離開那個早已沒有與自己聯結、無法供養自己的母親。這部分回應淑惠第三點所描述的，Winnicott 說「孩子利用母親的抑鬱作為逃避自己抑鬱的工具。」安提亞放棄自己，長出一個假我來回應著外

界，適應著外界。她對這個世界失去的信心，困在某種原始的無助與崩潰中。

　　這再讓我想到客體的使用，先有能量的投注，認同的產生，接著當客體遭遇主體的摧毀後，客體仍然倖存並接受溝通，客體在這裡說著「嗨，我在這裡呢」。似乎此時主體全能自大的幻想，才能與真實的客體區分開來。主體依舊在自己的自戀中摧毀著客體，但客體能在真實中開始給予主體，供養主體，滋養主體，主體獲得奶水。但茱麗葉被摧毀了，這對安提亞意味著，幻想成為了真實嗎？因為茱麗葉真的壞掉了，所以摧毀客體的後續歷程去哪了？

　　安提亞正值青少年，而青少年叛逆的階段，應該要盡情的反抗，對外界說「不」，為反抗而反抗，就像兩歲寶寶說著「我不要，我不要」，來形塑自己的真實樣貌。但安提亞在青少年的階段，不能說不，因為媽媽真的壞掉了，爸爸也真實的死亡了，那原本的滿腔攻擊與憤怒，何去何從了？尤其電影裡，茱麗葉說著，她從未聽到安提亞提及與保母相遇的事情，安提亞知道真相，她還說著所有人都會得到應有的懲罰，但安提亞的罪惡感跟憤怒呢？去哪了？

　　茱麗葉的罪惡感是被安提亞看見了，但安提亞的罪惡感，茱麗葉想不清楚那能是什麼？所以，對安提亞來說，

熱情氣色不曾消褪的苦與痛：
阿莫多瓦《我的母親》《沉默茱麗葉》

她的客體不能使用，安提亞無法被她的母親所看見，無法獲得母親的回應。所以消失的破壞成為真實嗎？一邊開心的露營，卻發現父親早已意外死亡，當她發現自己正與同伴玩得開心地同時是她父親正痛苦死去，她是怎麼經驗這件事情的？罪惡感如何在這當中漸漸吞噬她？是否叛逆期的攻擊，此刻成為真實，她的父親與母親真的死亡。

她在出發前，跟她母親道歉說自己口氣太差，那當她回來看見憂鬱的媽媽時，她怎麼想最後一次跟媽媽的對話？她的客體並未倖存，她是如何知覺這一切的？連回淑惠的第五點，出走成為自己的母親。安提亞撤回對客體的投注，感受到母親的痛苦，她無法恨，無法展現攻擊與憤怒。把一切能量壓下去，直到離家之後，這些能量才能用其他方式展現嗎？

這些都是我在思考跟好奇的，很想知道這些經驗在自己、或在關係中，是如何發酵的？內在機制是如何運轉的？主體客體之間的是怎麼產生那愛與恨的？這大概是我的聯想。

插播八卦，不知道大家在看時，對這個部分感覺如何，就是我在看的時候，一直覺得這個管家真的很奇妙很怪。是她出現告訴女人丈夫的外遇，也是她出現告訴女兒父親與母親的衝突，似乎管家是一個邪惡的存在嗎？他告

訴了女主人事實，所以夫妻之間產生的隔閡；接著他告訴了孩子事實，孩子也因此與母親產生的隔閡。她在電影中以這樣的形象存在的意義是什麼？代表的是什麼？還有最一開始，她就告訴茱麗葉，佐安與女人的幽會。我是覺得這個角色挺有趣的。

王怡萍

諮商心理師

銘傳大學諮商臨床與工商心理學系碩士畢

台北市立聯合醫院松德院區思想起心理治療中心 兼全職
實習心理師、臨床學員

新北市立光華國民小學專任輔導老師

精神分析愛好者與學習者

精神分析深度心理治療

個人中心兒童遊戲治療

熱情氣色不曾消褪的苦與痛：
阿莫多瓦《我的母親》《沉默茱麗葉》

分離來不及說理由：詢問離奇如何做為分離的客體？

劉又銘

　　這是沉默茱麗葉最後片尾曲吟唱的話語片段：
　　若你不離我遠去～我願將一生奉獻給你～
　　若你不離我遠去～你會看見真實的我～
　　你將擁有～很少人能擁有的～像你一樣完美的東西～
　　永無止盡的愛～
　　我將付出所有～只求再見你一眼～我最親愛的～

　　這是在電影故事說完時候唱的心情，也很像是走過一生之後殘留下來的風景，從片子結束的這裡再開始看這部片子，就像走過一生之後回過頭來看這一生的開始，而開始將一生的風景做回溯，各種重新連結，好像造夢一般，感覺更多，重新賦予每個片段更多意義。

　　人生的片段被賦予了不分離／意義的任務嗎？

　　這周而復始的行為，是不是塑造了人生大半？夜間再創作夢的過程，日間的詮釋的連結，將不同世界不同元

素堆疊，這種連結不知是有意設計或是潛意識裡的行動，好像帶著一點祈求的心情，希望當初遺失的甚麼，能夠被找得回來似的；或說是不要分離的舊願望，在新連結中復活。

這連連看，令人想起生之本能的特質binding（將元素集合），集合之後產生新的變化的可能（vital difference），而在背後是一個抗拒消散的感覺，是為了連結以抗拒消散而成為一種強迫式的動力。

「……在客體關聯中，主體容許某些自我上的變動發生，這種變化的種類使我們發明了？心理投注」這個術語。客體已變得有意義。投射機制和認同機制已經運作，主體因此耗竭，以至於主體的某些東西可以在客體中找到，但是可以被感受而變得到豐富。……」（Winnicott, 客體的使用）

這樣的話語並不罕見，沒有你活不下去，我失去了在這世界上存在的意義。

從溫尼科特所描繪的生命早期來出發，這一生過得沒有意義的時候，是跟甚麼分離了所致的呢？

我試著從客體變得有意義，是透過感受來延伸主體、增加主體的豐富度的這個事情，想到我們如何得到意義的感受？有人提到說，生命如何有意義是與生之本能有

熱情氣色不曾消褪的苦與痛：
阿莫多瓦《我的母親》《沉默茱麗葉》

關係，Nicola Abel-Hirsch說（The life instinct, Int J Psychoanal (2010) 91:1055–1071）佛洛伊德有一個比較隱微不容易看見的說法，生之本能雖然容易觀察，但它的推動其實來自於生命能量在不斷下降，生命要對抗它，所以生之本能是生物體有一種走向在反應（反抗）這個自然現象，要去binding（將元素集合）和藉由vital difference（個體間的靠近而讓個體增加新的張力），換句話說，拒絕死亡，走向開花吸引蜜蜂的世界，為了binding，如同一朵花要開花，要收集養分，要吸引蜜蜂，為了成長而強迫受苦（比如賺錢），這個生命聚集的經驗可能投影在人類心理領域產生了為何能有感受到意義，也是心理感受到活著的動力。若沒有這個心理上的解釋，我們是否能夠在我們的心智裡去為事情而消耗生命？願意受苦？

可以說成，主體為了要活下去，透過心智的發展，而在客體的身上找到的是主體的碎片，能夠擴充與延伸逐漸耗竭的主體自己，這是心理感受到意義的原型。

談到心智，嬰兒的心智發展，我想像如同種子發芽，需要土壤、養分、空間、時間，而這牽涉到與母親這塊土地間的關係，如何能夠得到養分、發展空間，我認為這跟W所說的摧毀客體有一定的關係，將在後續說明。

在生命早期母嬰一體的感覺（錯覺），要發展到客體

使用之中，母嬰一體的感受要被改變了，有某種感覺要被摧毀了，這樣的無奈可能可以被客體使用的有意義感受所覆蓋，也因此生命可以被消耗在有意義的事物上了，比如找到連結性：問題←→答案；受苦←→原因；找到與自己的連結成為人生中重要的事情：讓心裡有地方可以住，住在一種有連結的感覺裡。

　　我也分不清，我是先有聯想，才從電影裡看到；還是從電影裡看到，才有聯想了。但是以下就是我將電影與聯想的連結了。使用這部電影，它勢必與我的聯想有關。

　　片頭開始時，這紅色布幕的搖擺，彷如會呼吸的子宮或是陰道，那樣具有生命力的誘惑感，引人想要走進去的感覺。片頭，就從搬家開始，就像出生那樣。

　　羅倫佐：需要甚麼書，上網買就好。

　　茱麗葉：我不喜歡買我已經有的書，會讓我覺得蒼
　　　　　　老。

　　茱麗葉：如果可以，我寧願不要回馬德里。

　　羅倫佐：謝謝你不讓我孤獨變老。

　　茱麗葉：沒丟下我孤獨一人的人是你。

　　雖然從對話中，沒有理由說這一定是使用客體或是

熱情氣色不曾消褪的苦與痛：
阿莫多瓦《我的母親》《沉默茱麗葉》

客體關聯，但是或許是混雜著的？這看似是在說感謝有對方實質的存在，好讓自己感覺沒有孤單。但也同時可以想像，朱和羅的心智上，都有著一個對方好讓孤單這件事情好似沒有發生，但它實質已經發生，就如同已經看過的書不打算再次購買，那樣的感受；這邊像是回填一種錯覺，我還有你的感覺。我認為在這個片段裡，可以讓我們想像有嬰兒心智的存在，尋找受傷害與不完整的理由，像是被摧毀過的，尋找修復的過程。

讓我去想像著，這種重新再相遇避免孤獨，其實是個布景，呈現的是在這早先時候已經存在卻想不起來的孤獨，或是自己曾經存在在那裡過卻不復記憶的不孤獨，孤獨的意義是一種失落的記號。

這有關如何孤獨的經驗，或許該讀讀溫尼科特的the capacity to be alone，但我們先從客體關聯中主體的孤獨是如何孤獨開始？

「客體關聯可以描述為主體孤立的經驗（Winnicott, 1958b, 1963a）。然而，當我談到客體的使用時，我將此時客體關聯的存在視為理所當然，並在這之上增加了涉及客體的性質和行為的新特徵。例如，如果客體要被使用，它必須是真實的，即它必須是共享現實的一部分，而不是一堆投射。我認為，這就是關聯和使用之間存在的巨大區

別。」（Winnicott, 客體的使用）

　　在object presenting中，如果我們闡述的是，在促進環境中母親以不損及嬰兒全能感的方式，來提供照顧，那麼其實是一瞬間的對應而已，會對應到嬰兒的內在，是一種object relating客體關聯的狀態，而如溫尼柯特說的，逐漸成熟後發展成為客體使用的可能。但這種感覺之中，卻是一種分離的感受的開始。

　　這些機制的成熟，是隱微的，也可能是來回不定的，若有似無的，好似一瞬間產生了，卻又彷彿很久仍然在原點的感覺。隨著發展的成熟，模模糊糊地，漸漸地產生一種錯覺，好像這是我的，是我所創造的，又好像我突然發覺，這是一種錯覺了，這個我喜歡的「東西」（不管是母親的撫觸、話語、溫柔的笑容、乳房），又好像發現原來是擺在我旁邊的而已。溫尼柯特說，我們都同意，不要去對嬰兒挑戰說，這個是你發現的，還是你創造出來的，因為這個錯覺的魔法時刻的不當挑戰，會是一種環境對嬰兒的impingement。W說，而那些受了傷的部分，將在後續以一種追尋環境或害怕崩潰的近似強迫方式，不斷重現，直到這個細節被呈現的基礎上。（Winnicott, Fear of breakdown, 1974）

　　（經歷遇到女兒的同學，朱脫口說出自己還會繼續住

熱情氣色不曾消褪的苦與痛：
阿莫多瓦《我的母親》《沉默茱麗葉》

在馬德里。）

　　　……

　　羅：我不認得你了，你像個瘋子。

　　　……

　　羅：我知道你心中有一件事，一直沒告訴我，我也一
　　　　直很尊重你。

　　Winnicott說：將精神病視為崩潰是錯誤的，它是相
對於原始痛苦的一種防禦機制，並且通常是成功的。（除
非促進環境的問題並不是缺乏，而是令人心煩意亂與誘惑
不已的，這或許是對一個人類嬰兒來說最糟糕的事情。）

　　在psychotic breakdown的背後，不是某種精神病，
而是一種原始的風景的描繪嗎？W說，有某種失敗發生，
而令人想像，這種強迫性精神病的發生，像是要把碎裂的
部分接上？像是失落的片段那般，一塊等著被找回放在心
上的拼圖，只是卻因為從來不知道它該放在哪裡，所以有
了遺失的感覺，或是悵然若失，不曉得他是怎麼失去的，
也就不曉得應該怎麼找回來。

　　（回到舊公寓，找舊房間，沒有，找一間空房間住進
去，只要廚房和浴室能用就好。）

　　（找回撕碎的母女合照照片，記錄下從女兒同學處聽

來的女兒的隻字片語訊息。）

用著記憶中的碎片，來組合無法了解的失落感。並且在上面放著強烈的渴望，希望知道自己是如何失落的，藉由找回你，好像希望能夠與那樣的失落錯位。但首先找回的，是跟失落有關但不知道關聯何在的故事……

> 茱：我感到被困住，也同時感到自由，在佐安的臂膀
> 　　裡。
> ⋯⋯
> 留在馬德里能遠離悲傷，散步，看電影，休息。

遠景、近景，母親在遠方模糊發怔，女孩們在近端籃球遊戲中嘻樂。這像是每天生活中，在心上留下的場景，看著近端的運行很快的白日碎片，而有著心底遠方組合不起來的夜間景象，主體意識被（強迫性地）留在這些感覺裡，好像被迫玩著拼圖遊戲。同時被困住，也同時在拼著自由解放其他。

母親走在女兒與女兒對象中間發呆；很快地，事情一件件發生；母親走在女兒後邊，被女兒牽著手前往出租公寓，女兒的手牽著另一邊對象的手，連結著三人各自的向

  熱情氣色不曾消褪的苦與痛：
阿莫多瓦《我的母親》《沉默茱麗葉》

量，有種勉強又有點關懷之情帶著前行的感覺。

走到了這個最初的公寓，那是後來之所以有了廚房浴室就可以生活的起點，場景與回憶（或著移情）作為一種內在客體，主體與之相聯，保留著、儲存著，對那段年少青春的愛慕感情，這感情是一種曾經活過的證據。日後為了當下活著的需要，可以再次讀取這像硬碟裡的檔案，甚至複製，再產生一個個的日後改寫版本，好像自己仍然延續著這樣的感覺活著。

租下了貝雅家旁的公寓，在此生活，朱心力交瘁，安則精力充沛如昔。

茱麗葉：你突然長大了。在馬德里，朱被貝雅照顧，安則跟艾娃清空了老家，求售。
茱麗葉：如果沒有你倆，我無法活下來。你回來後沒有聊太多這趟旅程中的事，你不希望我難過，我也沒力氣問。
安：搓搓她的背，讓她暖和起來，別讓她感冒了。
（安與背相視而笑，有一種生活的力量，藉由照顧苦難而發芽生根。）
怎麼你已不是與我在一起的那個你了呢？自我發覺

了，藉由發現不同的客體，這已經無法藉由讀取自己硬碟中的感覺繼續與客體連結了，於是有某種摧毀勢必要發生，而這摧毀Winnicott說其實是一種創造，是一種生命力的展現，因為繼續這樣是無法活下去的了。

> 茱：多虧你，我走出憂鬱症。我把除了我居家校正的
> 工作以外的時間，拿來照顧妳。沒有別的。貝雅
> 去美國上大學，你去庇里牛斯山三個月的修行，
> 你回來後就要去上大學，要跟你分開，我嚇壞
> 了，但那些年你很少出遠門，你總忙著照顧我和
> 唸書。我不能阻止你，而且⋯⋯你當時已成年。

「⋯⋯在中間，是人類發展中最困難的事情，或是所有需要修復的早期失敗中最令人煩惱的事情。在關聯和使用之間的這件事，是主體將客體置於主體全能控制範圍之外的行為；也就是說，主體將客體視為一個外部現象，而不是一個投射實體，實際上承認它作為一個實體的存在。⋯⋯」（Winnicott, 客體的使用）

突然意識到，對方不是一個自己想像中的物體，而是有著超出自己掌控之外的主體，有時候這樣的分離是難以承受的，像是活活殺死了自己想像中的那個客體嗎，而有

  熱情氣色不曾消褪的苦與痛：
阿莫多瓦《我的母親》《沉默茱麗葉》

著一種摧毀的感受嗎；又或許，主體會感受到原來自己一直不了解真實而在用幻想摧毀客體，又或許主體體會到自己的存在本身就是種摧毀客體，如同客體的真實性在摧毀自己的幻想性。但是，摧毀，其實來自於生命力，如同戰爭一般，這種發現勢必得繼續延續下去。

在這邊Winnicott說的摧毀，有許多許多細節需要再了解，像埋藏了大秘寶那樣。Winnicott說是當客體的客觀性出現時，主體感受到摧毀的特性出現，這有許多需要細想的地方，至少有兩種涵義：

對object relating的想像，首先是否因為透過摧毀後存活，證明了幻想與現實的分開，因而主體客體之間分開了，幻想的主體客體被破壞之外，還有一個現實客體在那裡，存活著，而據說這可能較接近Klein學派的想法

而後來再想，或許摧毀的不是客體，而是好似客體的東西，是一種主體與客體的關聯，透過全能感所把持的錯覺；這是原本的嬰兒母親二元體的一體性，讓嬰兒與母親分開了，哲學家與扶手的分開，當發覺object relating，就進入了破壞object relating狀態，進入了發展客體使用的時期。這邊說的都是比較像是，主體內在幻想空間的摧毀，產生新的空間概念。

但聽有一種說法是，摧毀的是實際上的母親，只是母

親透過不報復的生存，讓嬰兒可以收集這個來自客體的回饋而感受到真實，嬰兒感受到的摧毀，是指在潛意識中被殘留的有關摧毀的記憶，那麼，這記憶被留著的目的是再次能被經驗到好消化它並發展更多尚未發展的自由？

無論如何，共享現實這客體關聯的現象，必需繼續進入一種改變，即客體不再是主體互聯的一部分，而是真實，嬰兒心智中必須創造出外在真實的概念，這在自己心裡是要有空間的。我注意到，Winnicott描述過程中，是由於客體的生存（在此以不報復作為定義），主體能夠意識到自己一直在摧毀的這個情形，而開始有了個人幻想的空間的安全。

以下的片段，試著想像其中心智開展空間的困難，感受到被報復的威脅：

安：……計程車在樓下等我。

朱：……你要帶漁網去？

安：是。……媽媽，別弄了，我自己行

朱：……自己保重，你好好玩。

安：妳也保重。……假如我沒常打電話或寫信，別擔心。

朱：那裡常與世隔絕嗎？

熱情氣色不曾消褪的苦與痛：
阿莫多瓦《我的母親》《沉默茱麗葉》

安：那裡是修行的中心，與世隔絕很重要。

朱：萬一我生病怎麼辦？

安：別勒索我。

朱：當然不會。我要工作，整理筆記，也許會編寫成
　　書，我很忙的。

安：這樣很好。

朱：讓我送你到車站

安：我記得你不喜歡道別。……再見。

（朱看著安離去的眼神，心中晃過火車上自殺男子的
眼神，跟佐安吵架後佐安說要去捕魚的眼神。）

朱：我跟警方舉報你失蹤，剛開始的幾個月，我雇用
　　私家偵探，用各種方式近乎瘋狂地找你，卻只發
　　現我根本不瞭解你。……你19歲生日那天，我
　　買了蛋糕在家等，我收到一封生日快樂卡，是
　　空白的立體卡，打開來會有像蛋糕蠟燭的立體
　　裝飾。……頭三年你生日時，我都會買蛋糕……
　　把蛋糕丟進垃圾桶來爲妳慶生，成爲一種傳
　　統。……我試圖在馬德里，找到一個你從未去過
　　的地方，你沒有留下任何痕跡的地方，沒有任何
　　東西會讓我想起你。

「這個轉變（從關聯到使用）意味著主體摧毀了客體。……從現在開始，主體說：『你好，客體！』『我摧毀了你。』『我愛你。』『你對我有價值，因為你在我摧毀你後倖存下來。』『當我愛你時，我一直在（無意識中）摧毀你。』這裡開始有了個人的幻想。……」（Winnicott, 客體的使用）

即使我們看似是長大的兩個人了，但在我們的潛意識裡，仍然透過維持著的客體關聯的狀態，與必需要去摸清楚或是丟掉這個感受的衝突，可能因此有著試圖要摧毀彼此的意圖？那摧毀看似是破壞，但卻可能是要發展的意圖，將當年未能成熟渡過的細節再次擺在心智上的企圖~在這裡我要舉出個悖論，如Winnicott說的分離是相聚的創造，因為摧毀而真實，因為真實而被摧毀，我感受到是分離如果有個空間，而沒有被摧毀所摧毀，那麼分離就能夠生存，接著才有個空間出現，相反地來說要透過分離，就是創造空間的開始。

「主體雖然不會摧毀主觀客體（投射材料），但當客觀認知的客體具有自主性並屬於「共享」現實時，摧毀現象就會出現並成為中心特徵。這是我的論點中比較難的部分，至少對我來說是這樣。普遍認為現實原則會使個體陷入憤怒和反應性的破壞，但我的論點是，這種破壞在創造

熱情氣色不曾消褪的苦與痛：
阿莫多瓦《我的母親》《沉默茱麗葉》

現實中也扮演了一個角色，把客體放在自我之外。為了讓這一點發生，需要有良好的條件。」（Winnicott, 客體的使用）

甚麼使得我的生命能夠在這樣的困難中走下去的方式呢？也許，不得真相，但是能夠反覆去想，就很夠了，能夠多想一點，就有了空間，即使是幻想，即使是妄想，都能夠幫忙聯繫起已經被迫分離的感覺兩端，只是，這樣的代價，是受苦，是多疑，是焦慮，是憂鬱。

> 茱：佐安的死，安你提到內疚、罪惡感。我不曾對你提及，但我的沉默仍不能阻止，像病毒般地感染你。
>
> ……

在與羅的日子裡，我從未提過你，家裡沒有你的痕跡，你不存在，有些日子我並未想起你。……勒戒的毒蟲只要再犯上一次毒癮，不管先前這幾年多麼努力，再犯往往是最致命的。我戒掉你好多年，但我不該又燃起找到你的希望，或聽說你的事，這荒謬的希望，粉碎了建構我新生活的脆弱根基。我一無所有了，只剩你的存在，你的失蹤充滿我整個生命，並摧毀了它。

貝雅與安之間的關係，安引以為恥，貝雅想離開安。就好像不得不丟棄這份關係。

　　在頭幾天朱有如失心瘋跟隨著失蹤的安，如同這樣的關係一般，羅跟蹤了朱，有如我們說的移情如同投影一般，如同病毒一般地感染。用關係和行動，來塑造出自己無法看見的陰影部分。

　　我們是有可能，以人（事實上是客體，可能是部分客體）與我之間的關係，塑造我自己是甚麼？

　　安：我第一個孩子，佐安，他在河中溺斃的時候才9
　　　　歲。悲傷令我瘋狂。那段時間，是我這一生最悲
　　　　慘的時光。我想起你。如今我了解我失蹤時你的
　　　　痛苦。以前的我無法想像。沒經歷過的人絕無法
　　　　想像。

　　到底是因了解了母親的痛才能說出這段話，或是想像母親能夠因為經歷類似的痛苦而好像共享了自己的痛才能支持自己說出這段話？如今才能想像母親跟自己之間的距離？這是令人好奇的。

　　「在這個研究所關注的發展階段，主體是在創造客

　熱情氣色不曾消褪的苦與痛：
　　　　　　阿莫多瓦《我的母親》《沉默茱麗葉》

體，也就是在尋找外在性本身，並且必須補充說明，這種經驗取決於客體生存的能力。（在這個上下文中，『生存』意味著『不報復』）」（Winnicott, 客體的使用）

> 茱：我不要求他解釋。我只想和他在（再）一起。但他沒邀請我來。
> 羅：13年了，他不敢。但他附了他的地址給你。
> 　（憶如以往，佐安的信件等同於邀請？）

　　病人給的訊息，是邀請我們進入他內心的信件嗎？是附上地址的嗎，是不敢邀請我們嗎，還是預期我們會如同不請自來的母親？因為這樣的態度與行為，我們可以變成他的母親，那好像改變了我們，再用這樣的關係再界定自己，重新繪畫自己嗎？

　　這個邀請，可以視為不報復的空間嗎？

　　是經過這些年的空間嗎，當心智在多年的摸索，多次摧毀版本的不同之中，找到了空間嗎，或著這只是我想像中的空間而已，能夠將它們的重逢擺在一起的空間，實質上就是不得而知。

　　這個心中空間，可以視為不報復的空間嗎？

　　藉出不報復，嬰兒心智雖然發覺令自己感到摧毀性的

破壞，但可以在有空間的情況下修復；而所謂報復，W用詮釋來比喻的話，客體將自己的情緒或存在的需要塞回嬰兒的心智，讓其沒有空間，而造成了一種毀滅的感覺？比方可能在嬰兒心智想像著摧毀客體的過程中，客體真的被摧毀了（媽媽生氣了，而不是原本促進性環境的母親），這環境的改變本身形成一種報復，這讓使用客體變得困難，最壞情況時毀掉了嬰兒心智的發展空間。我還在想像的是，為了發展，只好再次發生再一次摧毀嗎，但其實實情是，為了生存下去，尋找空間的主體之愛，卻只好愛你愛到摧毀你，來尋找那不知在何處可產生的空間。

　　或著說，就像是蛋殼和蛋是在一起的，此時你無法說，蛋殼是獨立於蛋的外在，直到核心本身受生命的逼迫而要破殼而出，此時蛋殼變成了蛋的生命的外在，需要被打破，但是看見的是被打破的是現實中的蛋殼，還是心中的蛋殼？有如溫尼科特說的，分離是創造的方式，當嬰兒與母親合在一起的二元體，此時沒有嬰兒也沒有母親；只有分開，才看得見嬰兒，與母親的存在。但是在這裡，可能有一股未被嬰兒所明白的經驗，是可以如克萊恩所說的哀悼所轉化破壞的罪咎感為復原的動力，或是溫尼科特說的是一種生命的遊戲的創造力。想像若這個經驗是以別種挫折方式體驗的時候，可能有一種未知的恐懼、類似解體

  熱情氣色不曾消褪的苦與痛：
阿莫多瓦《我的母親》《沉默茱麗葉》

的恐懼、在日後帶來可被名之爲創傷的體驗。換句話說，這個分離是有生命發展的意義的，這或許像是種哀悼的昇華。

母親是母雞，殼是錯覺。

是在這些建立的界線上，心理內在空間被明確產生出來，而產生這些空間的mind，它的功能可以聯繫內在與外在，psyche與soma，主體與客體，自體與環境，我與非我等一系列相關的關係（relation）

母親節的時候，一個千古流傳的難題，太太和母親掉入水裡，要先救誰？

一位奶奶，從跳土風舞改爲去學游泳了。她說：我不想爲難兒子，所以先學游泳了。太太說：我掉下去你先救誰？兒子說：我媽會游泳，她會救你。太太說：不行，你必須下水。兒子說：那你死定了，我不會游泳，我媽肯定先救我。於是折磨男人的千年難題，終於被偉大的母親破解了。

「在研究主體發展的研究上，主體是在於自己發現外界這件事上才逐漸創造出客體，同時這些經驗的建立取決於客體倖存下來的能力。（非常重要的是這意味著『不去報復』）假如在一個治療中這些事情正在發生，那麼分

析師、分析技術、和分析設置全部都要面臨一個結果，那就是他們在病人的摧毀攻擊下能否倖存。病人嘗試透過攻擊，把分析師放在全能控制之外，那就是，放在外面的世界裡。如果沒有經歷最大的毀滅的體驗（客體完全沒有受到保護），主體永遠不會把分析師放在外面，因此就永遠無法超出一種自我分析的經驗，只能把分析師當作自我的一部分投射。如果從餵奶的角度譬喻，那麼病人好比只能吃自己，不能夠用乳房來取得養分，病人雖然可能會享受分析的經驗，但卻根本不會做出重大改變。」（Winnicott, 客體的使用）

這主客的分離，實際上是一種創造客體的真實性的過程。如同「非我」的發現與創造（以嬰兒的內在來說），是拉開了空間，有兩個世界存在了，因為有非我，所以皮膚以下是我；在嬰兒的心智中，因為客體的倖存（這邊指的如果依照Winnicott說的是現實中的被摧毀，是不產生報復品質的東西），好處是，客體變得可以用了，而主體益發變得有獨立／獨處的空間，在那裡，心智可以運作，可以住在一個不被客體所侵入的空間，明白再怎麼幻想也是自己的空間，客體不會被摧毀。就如同認識到網路裡或電視中或水中影像或是玻璃上的倒影，既具有幻覺上的真實性但又不具備實質上的真實性，拉開一個心智上的概念

  熱情氣色不會消褪的苦與痛：
阿莫多瓦《我的母親》《沉默茱麗葉》

空間，在這裡面可以安住自己的破壞性（Winnicott說這等同於生命本身的力量）作爲成長的動力。

我想回到電影最後的悲傷之情來探討，那最後吟唱歌曲時最後留下的，是最初的心情嗎？或像是最初心情的雙生子，共舞著～

若你離我遠去～你將讓我哭泣～像個孩子一樣～

若你離我遠去～那將是世界末日～我的世界只容得下你～

請不要走～我祈求你不要走～

若你離我遠去～那一刻～我將死去～

如果在有空間的狀況下，關連與使用，有如失落與療癒，可以不斷共舞，生命在摧毀與不報復的空間中，繼續活著……

（結束）

Reference：

1. Winnicott D.W.(1974) Fear of Breakdown, International Review of Psycho-Analysis, 1:103-107.

2. Thomas Ogden (2016) Destruction Reconceived: On Winnicott's

'The Use of an Object and Relating through Identifications' , Int J Psychoanal. 2016 Oct;97(5):1243-1262.

3. Winnicott, D.W.（1971）The Use of an Object and Relating through Identifications, in Playing and Reality, p.86-94, Routledge.

劉又銘

精神科專科醫師

台中佑芯身心診所負責人

臺灣精神分析學會推薦精神分析取向心理治療師

精神分析臺中慢讀學校講師

熱情氣色不曾消褪的苦與痛：
阿莫多瓦《我的母親》《沉默茱麗葉》

與談人：吳婉綺

　　若要說到電影令人印象深刻的情節，莫過於女兒突然的選擇了失蹤，讓單親母親處在崩潰的邊緣；劇中的安提亞（女兒）毅然決然的離開茱麗葉（母親），並用一種完全切斷訊息的方式做為結束，沒有事前的道別及預告，一位女兒就這樣消失在母親的生命之中；而這也讓憂鬱的茱麗葉悲慟不已，儘管她多麼努力思索女兒離去的原因，始終無法找到令其信服的答案，逐漸的，這樣的心痛轉變為恨意，讓茱麗葉不得不也將安提亞排除在她的記憶、生活之外的世界裡，好讓她脆弱的自我得以繼續生存下去。

　　要解釋安提亞選擇離開的可能性有很多種，例如：她多年照顧憂鬱的母親，已感到身心匱乏，她需要有個獨立的空間來照顧自己的心靈；她同樣因為喪父感到悲痛，她需要修復內心的哀傷歷程……等，就連劇中也是形容安提亞覺得心裡被極度掏空、她需要去開創一條屬於自己的路；但我在觀看此劇時，總會忍不住思考著，一切始於茱麗葉的丈夫過世而起，這也引發母女彼此的罪惡感，尤其是安提亞在得知父親因為和母親吵架之後，才會出海遇難，心中是否也會無法控制的產生對於母親的矛盾與憤怒。

這讓人不禁聯想到Winnicott在《遊戲與現實》中所形容的主體使用客體的能力，他認爲主體把客體放在主體的全能控制範圍外面（將客體視爲外在現象，是個實體），主體摧毀客體，客體僥倖逃過主體的摧毀，於是主體可以使用倖存的客體、活在客體的世界裡，並因此收穫無窮。

　　安提亞（主體）從茱麗葉（客體）的生活中不告而別，那是一種將茱麗葉推往全能控制的範圍之外的做法，她選擇在自己成年、茱麗葉似乎已慢慢恢復日常生活能力之時，離母親而去，讓母親從自己的生活中移開，母女不再是主客體不分的一個人，而是兩個活生生的不同個體；只是令人困惑的是，爲何安提亞必須這麼做呢？聯想到安提亞是在父親過世後，她的生命起了驟變，某個程度上，父親也離她而去、將她拋下，這種突如其來的分離也一樣無法事先道別、預知，而在多年之後，她也對母親做了類似的行爲—離去、拋下。

　　主體把客體放在全能控制範圍以外，似乎也注定了這是一場分離，所以過程中免不了要經歷許多的衝突、傷痛，主體本能上會去摧毀客體，而根據茱麗葉的反應來看，她這個客體也確實表現出身心被毀滅的狀態，她曾在日記中書寫道：「勒戒的毒蟲只要再犯上一次毒癮，不管

熱情氣色不曾消褪的苦與痛：
阿莫多瓦《我的母親》《沉默茱麗葉》

先前這幾年多麼努力，再犯往往是最致命的，我戒掉你好多年，但我不該又燃起找到你的希望，或聽說你的事，這荒謬的希望，粉碎我建構新生活的脆弱根基，我一無所有了，只剩你的存在，你的失蹤充滿我整個生命，並摧毀了它」。被摧毀的母親好不容易才存活下來，但再次聽到女兒的消息時，仍無法克制住想找到女兒的期盼。

　　Winnicott提到當客體僥倖逃過主體的摧毀，主體便能開始使用客體，這句短短的話反映在這部劇中，卻讓茱麗葉等待了十多年，客體又該如何能僥倖逃過被摧毀的命運？特別當兩人關係是緊密又親近的血親之情時，客體能做的是否只剩下讓內心的殘破感還能勉強在生活中呼吸到一口氣？劇中的茱麗葉形容她用「戒癮」的方式來消除和安提亞有關的任何氣息，因為女兒的回憶如同成癮物質一樣是把雙面刃，是她心底的渴求與盼望，但也能輕易破壞她好不容易維護起來的脆弱內心。所以重新再看Winnicott描述客體的倖存與逃離被摧毀之命，他用僥倖來形容，似乎也有一種同理客體這項實屬不易的行為，特別當彼此的關係越是濃厚之時。

　　母女之情是一段相當特別的關係，身為同樣性別的兩個人是否會越容易相互投射、潛意識的連結也更加深刻呢？茱麗葉在寫給女兒的信中提到，「我學我父母以開明

的態度把你養大，搬到馬德里時，我陷入憂鬱症，我從未告訴你，巨大的罪惡感讓我窒息，你爸爸的死和火車上自殺的男子，讓我徹夜難眠，我從未告訴過你，我要你毫無罪惡感的長大，但你感覺到了，即使沉默，我像病毒般感染你。」

　　得知父親死後，安提亞也深受罪惡感所苦，她認為她不應該在夏令營獨自享樂，儘管就客觀的條件而言，安提亞是無辜的、不該承受罪惡感的折磨，但她似乎敏感的嗅到了母親的憂鬱，甚至不自覺的認同這個部分，只是她的憂鬱是更隱晦、壓抑的，外顯行為上只能看見女兒盡力在照顧憂鬱的母親，但或許此刻的安提亞也與茱麗葉一樣，內心逐漸被憂鬱給掏空，強烈的匱乏感讓她最終決定要離開目前所處的環境。

　　我想像著安提亞在離去的這十幾年裡，她是否也經歷了不同的情緒轉折呢？或許剛開始是想切斷和茱麗葉的連結，但當她在某一年也生兒育女、成為了母親的角色，她是否也開始思念起自己的媽媽？只是當下並沒有立刻就和茱麗葉取得聯繫，是因為她對自己當年的離去感到罪惡感、自責嗎？又或者是在離去後，儘管再如何思念一個人，也害怕與對方相見，因為這中間需要去消化、調整的情緒是很濃烈的，不見得能用一種輕鬆愉快的方式靠近對方。

  熱情氣色不曾消褪的苦與痛：
阿莫多瓦《我的母親》《沉默茱麗葉》

偏偏命運就是如此的無常，直到某一天茱麗葉等到了安提亞的來信，信中得知安提亞經歷了喪子之痛，她能同理茱麗葉當年失去她的椎心之痛了，雖然信的內容所述不多，但卻得知安提亞將兒子取跟父親同樣的姓名，而兩人竟同樣死於溺水，此時喪父與喪子的痛苦降臨在安提亞的身上，卻也拉近了她與茱麗葉的距離，彷彿只有體驗過這種痛的她們才能了解彼此；這也讓我想像著，當兩個人的角色不同，儘管關係再親密，始終會有一條隔閡的線擋在彼此之間，想為對方有多一點的同理，卻也終究只能停留在理智上的理解多一些，除非某一天接觸到對方的角色，同理才有機會真正走進當事人的心裡面。

吳婉綺
諮商心理師
國立臺北護理健康大學 生死與健康心理諮商學系碩士畢
台北市立聯合醫院松德院區思想起心理治療中心　實習心理師、臨床學員
花蓮慈濟醫院精神醫學部心理治療與諮商中心　心理治療師

重聚不必多說理由：問問優雅如何做爲重聚的客體？

蔡榮裕

1. 鏡頭愈拉愈遠，紅色的車子，在山裡愈來愈渺小。它不是在山中的一棵樹，樹是不會走遠的，它是紅色車子，車子可以停在任何地方，不動的山景和移動的車子形成的對比。雖然遠鏡頭來說，車子是渺小的，山景是整個畫面，也許人的心境是如此吧，如同車子裡，茱麗亞依著劇情的暗示，是要去尋找女兒的過程。這次的旅行是有著確定的地址了，也可能是女兒的心情較確定了，不太會在媽媽茱麗亞來到之前，女兒突然搬家，讓媽媽茱麗亞撲空而更失望？接下來的場景誰能決定呢？觀眾自己決定在導演的舖陳裡。

2. 「哲學家會從椅子上跳下來抗議，怎麼可能一個外在的客體被摧毀，那就沒有客體了啊；但這剛剛好，當他離開他的椅子，來到地上與他的個案一起坐著，他會發現這裡有個中介地帶。」（以下引文有Winnicott《客體

的使用》，陳建佑譯，相同不再重複說明。）

3. 女兒的突然離家，很難說是那個被摧毀了？女兒自己的
內在客體因失望而垮掉了？或者茱麗葉就是要被摧毀的
客體對象？女兒以離開來達成這種摧毀的象徵動作？也
許她們都被迫離開了自己的座椅，雖然被稱做離家做自
己，或者茱麗亞開紅車的旅行，都是離開了自己的座
椅，至於背景裡的山和山路，成了這裡所說的中介地
帶，好像有方向要去找什麼？但卻並不然能夠如願的過
程？

4. 仔細想想，每個人內心裡是有個導演，在指揮著所有的
內在和外在動機。而有著某個情感或某個有著時序的動
作的展現，或者內心裡有著的是宗教描繪的天上的神，
它是難測的，也許看著這個鏡頭時，觀者的心情是高興
的，或者仍有著不安和不確定感？反應著我們對於這部
在人的罪惡感裡，相互牽連的複雜心情，雖然我是傾向
不想只以罪惡感，這個常被用來形容這部電影的主要情
感。

5. 在電影人物內心裡的翻攪，覺得這個術語只是便宜的理

  熱情氣色不曾消褪的苦與痛：
阿莫多瓦《我的母親》《沉默茱麗葉》

解，好像說明了人物的情感，不過我不是要否認罪惡感的存在，而是想借由這部電影來呈現，它有著更多的心理因子散置在裡頭。以罪惡感來說，就術語的發展來說，它很早就被心理學提出來，也許就像是鏡頭裡的那些山頭，早就在那裡，它就是在那裡構成人的心中地景，但是我們知道，地景和心景裡是豐富的內外在，構成了整個山和人的風景。

6. 《沉默茱麗葉》（Julieta）是導演阿莫多瓦（Pedro Almodóvar）2016 年的作品，根據諾貝爾文學獎得主艾莉絲‧孟若（Alice Munro）作品〈偶然〉（Chance）、〈不久〉（Soon）、〈沉默〉（Silence）三篇短篇小說改編而成，這三篇小說出自短篇小說集《出走》（Runaway）。不過，阿莫多瓦自然會根據自己，對於女人是什麼，而有所調整和增添。電影或小說中的女人，都著強烈分明的性格，愛恨鮮明而果決，沒有中間的曖昧地帶，曾瀕臨崩潰過，抱著破碎的自己，至於小說家孟若的女人則勇敢，只是小說多半留下空白，讓讀者來填自己進到女人走了後的想像空間。

7. 「換句話說，他會發現在『主體與客體相關』之後是『主體破壞客體』（因爲它變得外在）；然後可能會出現『客體在主體破壞後倖存下來』。」

8. 這原本是指嬰兒的幻想世界裡發生的故事，至於成人的出走，也許是最具有象徵意義的，主體破壞客體後的行動？這也是一般常見的說故事的方式，只是這是成人意識的活動，是否這些實際的行動，能夠滿足內心裡，有個主體要表達自己？彰顯那個自己是主體的心理過程？以一般常說的，破壞了對方（客體）後才能彰顯自己，不過溫尼科特在這裡的說法，是有些不同，他強調重點是在於，客體仍倖存下來，何以需要如此呢？

9. 由於個人經驗所限，我不確定阿莫多瓦電影裡的女人，無論如何的分明個性或奇怪，但他總是有著尊重和接受，只是我不是很確定，他描繪的這些女人在他所處的國度是那樣嗎？是如此的個人主義的風格，有著他個人的愛憐的風格，或者其實在他的國度這些女人（除了茱麗亞不是那麼強烈鮮明），也是被當做特異的人？

10. 或這些女人對阿莫多瓦來說，是他長期觀察受過傷曾

熱情氣色不曾消褪的苦與痛：
阿莫多瓦《我的母親》《沉默茱麗葉》

崩解，或者心中是碎片滿地的女人，只是他以個人的
強烈風格，包括電影裡的色彩和配樂，以及某些特寫
鏡頭的運用，是在幫這些女人恢復她們的受傷經驗。
彷彿這是阿莫多瓦的招牌，以他個人風格的影像故事
和對人物的深情，就算某些角色似是有違社會風俗，
但他都不是以批判的角度，來張揚他對於女性的深情
和尊重。

11 不論他個人私生活如何，在鏡頭下，阿莫多瓦的這些
態度，如果我命名做「電影的態度」，如同我的工
作會有「分析的態度」、「中立的態度」、「邀請
的態度」或「幽默的態度」。儘管什麼是「電影的態
度」，我仍無法詳細的定義它，但我喜歡這個詞的存
在，也許以後再來進一步想像它的內容，但至少阿莫
多瓦是讓我想要這麼說。

12. 「儘管客體可能也可能不會存活，但在客體關聯的理
論裡頭，浮現了新的特點：主體對客體說：『我毀了
你』，客體就在那裡接收這溝通的信息。從現在開
始，主體會說：『你好，客體！』、『我毀了你』、
『我愛你』、『你對我有價值，因為你在我毀滅你之

後倖存下來。』、『當我愛你時，我一直在我的（潛意識）幻想裡破壞你。』這是個體幻想的起點，主體現在可以使用存活下來的客體了。」

13. 沒有存活下來，指的可能很多種樣態，例如憂鬱、人在心不在、或者身體的死亡等。這是溫尼科特對於嬰孩內在世界的假設，無論嬰孩如何幻想著破壞客體，例如母親，但他提示了重點，需要被嬰孩幻想摧毀的客體，仍可以存活下來後，嬰孩才能學習著，如何和真實的外在客體溝通，並使用客體的存在。這和起初，只是人我不分地吸奶過日子，是不同的生命經驗。

14. 不過不要誤解為這是意識上，好像一定要摧毀什麼，才能找到自己。甚至這裡談論的，在幻想攻擊後，客體仍存活時，是主體開始和客體互動，和運用客體的開始。也就是這時候，嬰兒做為一個主體時，才開始真的有能力運用外在的客體。只是這些是觀察後的假設和推論，對溫尼科特來說，也許假設我們可以在長大後的，個案和治療者的互動裡，觀察到前述在嬰孩內在世界的內心戲。

15. 在實際的人生世界裡是複雜的，有時候有些人沒有機會，如茱麗葉這般，還有女兒可以去尋找，雖然茱麗葉看來在自己的世界裡，也有著要好的男友一起生活，甚至要搬去葡萄牙過新的人生了，何以要找到還存活的女兒當面談談？這和如果其他人都不在人世了，而只能在內心裡尋找方式，和那些客體對話，是否有所不同呢？

16. 如果只假設，精神分析是以內在世界做為經驗的場域，是否就能說明個案和原本相處緊張關係的人，後來能夠溝通並相互關切與相互成全，兩者之間有什麼差異呢？雖然精神分析和心理治療也常遇見的是，個案的重要客體已不在人世，但是除了觀落陰的方式外，是否透過自己能夠找到和已逝的重要客體可以再溝通，並且讓這經驗可以再成為個案，可以使用的客體關係呢？

17. 在談論阿莫多瓦的其它電影時，我曾強調「幽默的態度」在他的電影裡，面對那些蒙受人生悲慘境遇者的態度，是遠比深情態度還要更加的，具有如佛洛伊德在《論幽默》裡說的，那是「超我」的成分裡，除了

嚴厲的角色外，也同時有的具有親職功能的角色。也就是佛洛伊德對於父母在處理無所知的嬰孩的過程，親職功能的發揮，是有著「幽默的態度」在裡頭。

18. 不過這得要區分和說笑話是不同，說笑話對佛洛伊德來說，是自我（ego）在處理攻擊時所呈現出來的，笑話以緩解攻擊的力道。這和「幽默的態度」是不同，如果進一步以阿莫多瓦的電影，來論述「幽默的態度」裡，對於那些一般來說是社會邊緣人的態度，不只是憐憫的態度，而是有著更深一層的體諒和接納後，而展現出來的態度。

19. 這是我個人從佛洛伊德和阿莫多瓦混合一起後，對於「幽默的態度」的功能和模樣，所受的啟發。雖然在這部沉默的茱麗亞裡，這種態度並不如先前其它影片那般顯明，不過我深信對於處理這些，有著明顯易受道德角度影響電影的表達方式，就劇情來說，阿莫多瓦總是呈現出，他們就是人，就是有著豐富人性的方式來呈現。

20. 至於我形容的，從佛洛伊德和阿莫多瓦，對於「幽默

熱情氣色不曾消褪的苦與痛：
阿莫多瓦《我的母親》《沉默茱麗葉》

的態度」的經驗讓，我更覺得在臨床上處理那些因生命早年蒙受創傷，而讓後來的人生充滿著難題和困頓的人來說，如果有機會走進心理治療，我對於治療者的觀察，常是「幽默的態度」是否呈現？以及如何在不知不覺之間流露出來，和隨後的其它反應，尤其是個案的反應是什麼？我覺得是很有趣且重要的觀察，主要是假設如果有著「幽默的態度」，那麼通常是治療者已有更大的能力，處理這些任何人都會覺得受苦的人生複雜經驗。

21. 而且在有著「幽默的態度」後，才能夠更有餘地，而不是壓迫式的給與什麼。我的經驗上是和佛洛伊德在《論幽默》裡說的，而且也被溫尼科特採納的說法，是先有著承納現實在心中消化後，再視嬰孩或個案是否有能力接受現實，而一點一滴地給與現實，讓嬰孩和個案可以承受並加以消化。

22. 在《論幽默》這篇論文裡，佛洛伊德雖沒有說的如此直接，要有「幽默的態度」在裡頭才有辦法做得到，不是強迫式的以面質（confrontation）方式給與現實，要個案面對，而是在有「幽默的態度」做基底的

情況下，給與一點一滴的現實，這會是讓精神分析更細緻的所在。雖然有人也許會覺得何必如此，有必要面質時也是必要的，我也同意，只是這很容易威權下的附和，增加假我的防衛，雖然如果能夠阻擋生死，也許是必要時候。

23. 「需要注意的是，不僅僅是因為客體被置於萬能控制的區域之外，而主體破壞了客體。換句話說，同樣重要的是，正是客體的毀滅將客體置於主體的全能控制範圍之外。以這些方式，客體發展了它自己的自主性和生命，並且（如果它倖存下來）根據它自己的屬性為主體做出貢獻。」

24. 當我們主張著分析治療師需要什麼態度時，都是在做一個很大膽的假設，預設著在這些態度下，做著或說著什麼時，可以讓在創傷裡倖存至今，但仍有著在當年處境裡，掙扎著要活下來的生命痕跡。溫尼科特是假設，嬰孩有一段時間是絕對依賴客體，但也同時是絕對的自戀期，也可以說就是萬能或全能的控制者。但對外在環境的客體，在實質上卻是一點控制能力也做不到的絕對依賴期，不過為了要說明這種狀態就有

熱情氣色不曾消褪的苦與痛：
阿莫多瓦《我的母親》《沉默茱麗葉》

不少語詞。

25. 但是偏偏這段絕對依賴、絕對自戀、和全能的控制者，卻可能是生命經驗裡相當重要的階段，而且假設那時候會有嬰孩式的幻想，這種幻想和長大後的幻想是不同性質。因為那時候沒有主體和客體區分的能力，因此當外在客體無法滿時，帶來的是對於主體的失去感。理論上這是很恐怖的生死經驗，雖然自我（ego）缺乏能力太經驗這種死亡經驗。

26. 假設後來有能力經驗，有一個在自己全能控制之外的客體存在，並且在主體和這客體度過破壞階段後，仍然都存在。就心理來說，那是很殘酷的生命經驗，生離死別的原型經驗，那麼主體才能知道，如何好好運用客體。我覺得這個假設可能有部分來自母嬰關係的觀察，有部分可能是來自於，分析治療者和個案關係發展狀態的觀察。

27. 人的遭遇到底是什麼？只是機運（chance）的偶然嗎？或有著它的必然性？我相信很難只以選擇某一邊的方式來看人的境遇，只有偶然性和只有必然性，是

和人生相違和的經驗。例如茱麗亞的先生在和她生氣後出門去釣魚，而被突然的風雨和浪濤吞沒，茱麗亞和女兒勢必是不全然接受，只有風雨的偶然所造成的結果。但是人性的衝突後，風雨的來臨讓人被淹沒了，讓人和自然之間的交織，卻是以如此殘酷的方式，展現出來生離死別。

28. 這是生離死別，茱麗亞和媽媽、女兒以及先生，如何對這些生離死別，有不一樣的描繪方式呢？茱麗葉和先生認識的方式是激情，但是這種激情一定是思慮不周而衍生後續的衝突嗎？如何描述這個在火車上相遇的激情，再加上後來的一些因緣，而讓兩人走向婚姻，有了小孩，卻又因其它的情愛關係，而讓婚姻生變？這是常見的劇情，只是茱麗亞的遭遇裡，這些關係卻總是好像早就埋伏著，死亡在激情的後方？但是死亡原本就是任何人最後的結局，這和前頭的激情，有著必然的關係嗎？

29. 如何在人生事件裡，歸納出生離死別的前因後果呢？以精神分析古典的說法裡，這些成人男女在火車上偶遇的激情，要說著什麼「嬰孩式的性學」（infantile

熱情氣色不曾消褪的苦與痛：
阿莫多瓦《我的母親》《沉默茱麗葉》

sexuality）嗎？當然可以從他們的生命史，找到曾有的經驗做爲說明。不過導演不是採取這個方向，來說明目前的情況。不過我得再重複說明，「嬰孩式的性學」和他們在火車上偶遇時的激情關係，是十萬八千里，如果硬要湊成一個因果的走向，我是覺得意義上不再如精神分析發展的早年，那般有新鮮感而讓人覺得有趣，並當做值得思考的方向。

30. 如果以溫尼科特思索的，生命是什麼？生命是爲了什麼？What is life about？做爲出發點想像，何以他們在遭遇眼前的激情或挫折時，何以會這般反應？有些走向死亡，有些走向遠離，有些留著以沉默的方式？不過唯有先沉默留著生命，然後有機會，如茱麗葉般開始書寫她放心中半輩子，而此刻她終於想要跟女兒說的話。雖然也是有一些外在因素的匯集起來，而往尋找機會說出心聲的方向。

31. 「讓我重複一遍。這是個個體在情感成長的早期階段，只能通過被灌注客體的實際存活才能達到的階段，這個過程，客體因眞實而被摧毀，因被摧毀而變得眞實（可破壞和消耗）。從現在開始，已經達到了

這個階段，投射機制有助於注意到那裡有什麼東西，但這不是客體在那裡的原因。在我看來，這背離了某種理論，傾向於僅根據個人的投射機制來理解外部現實。」

32. 我們並無法從電影裡成人階段的經驗，就直接來主張，他們的孩童時期是如何，不過如果是以比對的方式，如同溫尼科特將母嬰關係的發展過程，來對比分析治療過程裡，治療者和個案的關係，這只是相互比對，有著相互發明和相互想像的意思，而不是等號式的關係。

33. 茱麗葉的生命激情是強烈活潑的，但是何以女兒會離家？並非只是爸爸那邊出問題，而是涉及女兒和茱麗葉的關係裡，在茱麗葉憂鬱狀態前，可能就有著潛在的張力和難題？最後是在先生在和她吵架後，先生外出釣魚而遇難，不確定先生是自殺，或者只是意外？雖然可以說女兒會離開，是因為自責自己未在家，不然可以勸阻讓父母和解，就可能不會有父親的意外。不過以這種自責，難以跟茱麗葉說明，何以只能選擇離散？這個決定本身不太可能只是因為自責這項情

熱情氣色不曾消褪的苦與痛：
阿莫多瓦《我的母親》《沉默茱麗葉》

感，而更可能是有著先前的其它緊張，而讓自責無法直接表述？

34. 也就是說這種難以說出口的現象，除了一般想像的自責等因素外，仍值得再深入觀察和想像，是否還有更深細的內容？這就需要想像，何以在那時自責會發揮作用，而開不了口？是否有著更深刻的其它經驗的存在，才會後來以自責的感受出現，做為說不出口的理由？甚至依我們的經驗也可能不只是自責，而是同時有著其它情感，只是當事者或者整個時代人都忽略的情感？這也是有可能，甚至有時我常覺得，不只是要當做有可能，而是最好假設就是另有其它，我們還未著重的情感因子在同時作用，只是我們這時代還未注意到它的存在。

35. 也許我試著從現有的激情，而後來分崩離析的現象，到開始想到要寫信，說出心聲的經驗裡，推想三個模式的經驗，做為想像目前情境存在的模式。這三個模式也許有著生命發展的早年遺跡，不過我只是想先用來說明，此時此地的現象裡同時存在著這三種模式。這些模式只是嘗試說明，此刻現象裡的內涵，但尚不

直接涉及生命發展，多元因子的相互影響。

36. 我提出的三個模式是，「矛盾模式」、「匱乏模式」和「離散模式」。前兩者是精神分析史裡常被討論的課題，至於「離散模式」，則是我們在上次的喬伊斯工作坊裡，陳瑞君心理師提到的描述，我再加以衍伸的想法。

37. 「矛盾模式」是佛洛伊德的主要工作模式，設想著有著什麼和什麼的矛盾衝突，例如原本的是內心裡對於照顧某人，但覺得被對方侷限所引發的內心衝突，這如同在茱麗葉和先生，為了先生是否另有女人的矛盾衝突，或者女兒覺得某種有形無形的桎梏裡，因此在照顧媽媽茱麗葉的憂鬱改善後，她卻借故離家不再有音訊。這和女兒聽到，說爸爸是和媽媽吵架後出門釣魚，再遇風雨而被淹死了，女兒覺得自己如果有在場，也許可以阻止悲劇發生的內心衝突矛盾。

38. 「匱乏模式」則意味著，內心世界裡因為有著失落而顯得匱乏感，也有人是以強調空洞感來描述匱乏。意味著缺乏了某些東西而變得空洞感，通常是指失去了

熱情氣色不曾消褪的苦與痛：
阿莫多瓦《我的母親》《沉默茱麗葉》

重要的親人後，如果難以度過的話，通常是有著這種匱乏的現象。這和矛盾時顯露的不安和衝突是不同的現象，「匱乏模式」有些像是人在心不在，是有某種不在了，這些匱乏感也許是以激情的方式來呈現，好像激情可以讓空洞被填滿。

39. 沉默是原名，加上了茱麗葉，讓她的身體在欲望的出路裡，似乎更有著要讓承受多年的痛苦，就是要留在身和心組合裡頭的痛和苦，也可說是一部闡述什麼是憂鬱的極佳電影。雖然我們這麼說，並不是要以這個診斷做了結，而是相反的，我們先這麼說反而是為了，不讓我們的論點只集結在憂鬱這個診斷裡。只因為如果它和失落有關，我們更想要藉由電影，來描繪出失落是多麼的活潑有力，卻也如此幽傷，牽涉生和死。

40. 重點也許更在於痛苦是什麼？這個感受裡有著什麼難以言說的內容？那不是平靜的，也許有著矛盾的心情在掙扎要嘗試想清楚，說清楚。如同茱麗葉最後想以信件，跟女兒說出自己當年的經歷和感受，這是就故事的角度來設想情節，期待借由說清楚當年，來看是

否能讓當年的結果，可以有所翻轉或微調，而讓人和人、母親和女兒、或者已死去者，在心中的關係可以有所微調，而讓餘地可以出現，讓轉身可以更從容。

41. 關於「離散模式」，以前只以「矛盾衝突」和「匱乏」模式，但和臨床感受相比，仍覺得少了什麼來描繪臨床的實情。鼓勵大家做自己的思考，我後來在找到一個比矛盾和匱乏模式，更能添加進去共同說明的概念，也就是「離散」模式。（取自陳瑞君，2023.）試想一下，如果我們覺得holding（抱持或護持），是重要的一環，那麼是否抱持是最優先的，是要抱持分崩離析的自己，「離散模式」是否更好的描述？

42. 由於先前經驗的創傷太破碎，或者如同是匱乏之下而離散的家族，為了活下去而四散移居的離散，這種離散是如同散居各島嶼，或者心理碎片四散。不過各位要假設，這種創傷下的離散，不是在咖啡廳悠閒聊存在主義的存在感，而是如同當年愛爾蘭人，在飢荒下死了百萬人，另有百萬人搭著俗稱的棺材船，踏上移民尋找他方的美好，有著死亡和恐懼下的離散況味。

熱情氣色不曾消褪的苦與痛：
阿莫多瓦《我的母親》《沉默茱麗葉》

43. 不過這當然是需要多重的因緣助力才得以成立，畢竟是否要說，如何說，要說出那些，才會覺得有緩解自己以及改變和女兒的關係？以及微調了心理感受上和死去者的關係？這些是環環相扣的，很難可以在理論上說清楚，但是當事者在做和說了一些事後，卻可能帶來這些改變，只是要如何去了解在內心世界裡，是由於那些離散元素的互動聯結，而讓改變得以發生這仍是難題？

44. 只是如果從原本設想的沉默出發，沉默的反面意味著說話，說出那些卡在心中難以說出口的話，不過不只如此，可能還有的是，那些根本不曾被意識到，卻碎片般存在的心聲，還難以找到話語來說出它，這更是難題。涉及內心世界裡是誰的難題，這裡的「誰」是指在互動雙方，以及兩方各自的外在和內在世界交織，所構成的複雜主體和客體的心理世界。

45. 「人們普遍認為，現實原則使個人陷入憤怒和反應性破壞，但我的論點是，破壞在創造現實中發揮了作用，將客體置於自我之外。要做到這一點，有益的環境是必要的。根本就是在高倍數下審視現實原則。在

我看來，我們熟悉投射機制使主體能夠認識客體的這種變化。這與聲稱客體因主體投射機制的運作而為主體存在是不一樣的。起初，觀察者使用的詞語似乎同時適用於這兩種觀念，但仔細觀察後，我們發現這兩種觀念絕不相同。我們正是在這裡進行我們的研究。」

46. 溫尼科特以學術的語言，表明他在談論「客體使用」，例如女兒如何使用母親茱麗亞，或者是後來的人生裡，茱麗亞如何使用女兒？涉及茱麗亞何以心中始終掛念著，要跟女兒說清楚當年的故事？雖然這一定只是茱麗亞自己的故事版本，那麼女兒的故事版本之間，會有著什麼交織，或者是相互違和呢？前述的引文裡，可以簡化的說是要處理人和人之間，到底投射這項心理機制的作用，以及所帶來的人做為主體時，如何認識其他人做為客體對象？

47. 但是何以要大費周章談論，這種主體和客體的存在，和認識的過程裡投射機制的作用呢？這是由於精神分析的發現，投射常是我們使用的心理機制，尤其是我們不認識他人時，幾乎就只能以經驗的投射，做為想

熱情氣色不曾消褪的苦與痛：
阿莫多瓦《我的母親》《沉默茱麗葉》

像對方是什麼樣的人？何以對方要說那些話，做那些事？不過溫尼科特想要在這基礎上，更進一步探索如果人都是從自己的角度出發，那麼另一人是如何在心裡得以存在？只是我們的投射，讓我們得以認識對方的變化？

48. 不過溫尼科特在這引文裡提示，他想要更進一步區分，客體是在主體投射下，才存在有自己的主體，也就是客體的主體是在另一個主體投射下才存在？簡單的說法是客體也有自己的主體性，而這種主體性是如何存在呢？是本身就存在了，不需要另個主體投射至客體後，這客體的主體才存在？或者有人表示，客體的主體性是在另一主體的投射下才存在？不過這只是我的解讀，感覺上這句話仍有其它的解讀空間。

49. 也就是茱麗亞和女兒是如何相互認識呢？因為這可能是導致，他們兩人後來是如此相隔兩地的重要原因。

50. 雖然《沉默茱麗葉》裡，不是展現一直想要去死的那種失落，而是更想要讓痛苦是什麼，就留在痛苦裡，不要讓淚水帶走痛苦。也許他覺得淚水可能只是洗

去，在痛苦上的塵埃，讓它的歷史感被洗去後，無法再因時間的流逝，而失去了層次感，讓痛苦再加上另一種苦。

51. 對於層次感，我覺得從矛盾的外顯，而可能有著匱乏的內在世界，但是這個匱乏的內在世界，常常不是空空的無物，或風平浪靜，而是風吹沙般的破碎經驗。或者是先前提過離散般，而這種離散是不平靜的心情，是宛如因為生死交迫而冒著生死的大海，要到另一個安全地方的經驗。常見的是在抵達安全之地後，卻仍不停地駐留在海中隨浪飄搖的處境裡。

52. 當茱麗葉要和體貼的男友，搬到另一個更安逸的所在前，茱麗安卻在一連串的巧合下，再度回到對於女兒的思念和不安的心情裡，好像為了迎向更美好的生活，卻先打開了她心中多年的不安。那原本是她想要避開的心情，也許茱麗安的情況，更是反應著人為了尋找更美好時，原本讓她無法心身安頓下來的處境，總是會尋找各種乍看是巧合的機會，讓原本的尋找有了細縫，可以再窺見自己的心情，或者如何可以相互窺見對方呢？

熱情氣色不曾消褪的苦與痛：
阿莫多瓦《我的母親》《沉默茱麗葉》

53.「在我們所發展探究的這點上，主體在尋找外部自身
　　（externality itself）的意義上創造客體，必須補充
　　的是，這種經驗取決於客體存活的能力。（重要的
　　是，在這種情況下，『存活』意味著『不報復』。）
　　如果在分析中發生了這些事情，那麼分析師、分析技
　　術和分析環境的存活與否，都會進入患者的破壞性攻
　　擊中。這種破壞性活動是患者試圖將分析師置於全能
　　控制的區域之外，即置身外面的世界。如果沒有最大
　　破壞性的經驗（客體不受保護），主體永遠不會把分
　　析師放在外面，因此只能經驗一種自我分析，使用分
　　析師作為自我的一部分的投射。用餵養來比喻，患者
　　只能靠自己餵養，不能靠乳房變胖。患者甚至可能享
　　受分析體驗，但不會從根本上改變。」

54. 在這裡溫尼科特進一步說明，客體的存在和另一主體的
　　關係，以嬰孩為例，他的主體是會尋找外部客體，但何
　　以說以這種尋找來說，就意義上是「創造出客體」？就
　　嬰孩的內心世界來說，他以客體是在發展過程被創造出
　　來，但如果要嬰孩內心有辦法創造出客體的存在感，那
　　是需要客體在嬰孩投射的破壞裡，客體仍能夠存活，而
　　且更重要的是，以不報復的方式存活著。

55. 這樣子，嬰孩的內心世界才有可能創造出，客體在心裡的持續的存在感。在這種時候，嬰孩對於這個不再是全能感可以完全掌控的客體，能夠相互為用？但是對生命早年受創傷者，對於在全能掌控外的客體，例如治療者，就會有著破壞的衝動，而難以好好使用治療者。溫尼科特在這裡主張，如果這種狀態持續，就算個案有時好像很享受被分析治療，但是並不會從根本而有所改變。

56. 既然提到了對於人生遭遇不同的想像模式，關於矛盾、匱乏、離散模式的不同思考，和在臨床心理工作的技術的考量。這三種模式和生命發展經驗有著什麼關係？這得從精神分析史的經驗來說明，而這也是反應著，在面對這些複雜的外顯現象時，除了如何歸類外，總是先從外顯可見的內容做為起點，也許這是佛洛伊德的古典模式，他以詮釋要處理的，也就是要處理矛盾的現象時，是常見的以把事情想法和感受弄清楚，說清楚的交流，假設這樣的明白訊息後，可以讓矛盾可以解消，這是社會上不少事情的解決方式。

57. 如同阿莫多瓦在處理茱麗葉和女兒的關係時，有一部分是這種矛盾的假設，因而最後在系列的巧合下，她

熱情氣色不曾消褪的苦與痛：
阿莫多瓦《我的母親》《沉默茱麗葉》

開始以書寫信件想要跟女兒說清楚自己的遭遇。從電影情節來看，從茱麗亞可以維持生活穩定的能力來說，我相信是可以有著阿莫多瓦預設的，說清楚矛盾後的溝通功能和效果。如果她有機會遇到女兒，加上女兒在離開前，幫忙茱麗亞從憂鬱的深谷站起來後才離開，也意味女兒也有著能力，在適當時機下處理矛盾解開後的改變。

58. 不過如果是另一種情節，如果茱麗亞和女兒都是很不穩定的個性，難以有著穩定的生活時，那麼這種以為把事情說清楚的處理矛盾的方式，可能就不是很容易，因為無法維持穩定的生活，有著大起大落的生活時，那些矛盾常更只是表相，而是有著前述的匱乏，如空洞般而這種空洞。如果是平靜的或是如風吹沙的空洞，也會有著很不同的境遇。我在這裡提到的「離散模式」，更像是有著風沙走石的空洞，那是更難以平靜的，也就難以只以說清楚矛盾來解決原本的困局。

59. 如果從前述矛盾、匱乏或離散的模式來看，是可以嘗試將阿莫多瓦電影裡，人物的遭遇來做出區分，是很

好的電影可以來幫我們說明，人和人之間的困局的方式，相較於我們以文字來說明阿莫多瓦的電影，更有著可以做爲彰顯者的功能。也許這是佛洛伊德說過的，有些詩人對於人性的深層了解，是超過精神分析的。雖然我這麼說，並非表示阿莫多瓦就有其它的能力，做診療室裡治療者。

60. 但是他在電影裡，透過「電影的態度」所呈現的療效不容小看，也許這並非他自己的強調點，甚至他個人生活也是不少困頓和難題，不過這無妨於他在電影裡，爲了讓各種角色替自己說話，他是做很好的展現。他讓各種角色就算是在災難裡，仍是有著自信的方式說自己，而這種災難中或災難後的人，就算這只是電影的舖排，但給我的啟示是，如何讓這些人可以有自信的展現自己？這是何等難也，是何其重要的過程。

61. 我也一直把這個想法放在心中，做爲診療室裡態度和技術呈現時重要的參考點。因爲依稀覺得，有了對方的自信時，幽默才有機會冒出頭來，不過細節仍需要再來細想，這是目前我從阿莫多瓦的電影裡學習到的

  熱情氣色不曾消褪的苦與痛：
阿莫多瓦《我的母親》《沉默茱麗葉》

經驗。

62. 沉默茱麗葉，如果照導演曾在訪談起提到的，原本電影名只是「沉默」，但因跟另一部電影同名，因此加上茱麗葉。不過如果從電影來看沉默，不只是茱麗葉，而是電影裡所有的角色，都是說話之外有著沉默。而偏偏後來的問題或僵局，到底是什麼問題或僵局，和沉默有關呢？或者可以問的是，沉默會引來多少問題呢？我們的語言裡有著沉默是金嗎？既然有可能是金，何以卻是問題和僵局的來源呢？或者問題和僵局真的只是在於沉默嗎？

63. 紅色車子是茱麗葉開的，她就要去尋找離家出走失聯十幾年的女兒，阿莫多要談的女人和女人之間的情感，我想先暫時以「恐懼」做為觀察的方向，而場景設定的山區荒涼，和無法說著自己的心事，讓孤獨變得活了起來。是為了孤獨，讓它可以活著，而讓男人變得只是路過，不是路人是親密的人，卻更像路過者，而彰顯了孤獨的況味。

64. 「在我既往分析工作中，由於我個人的需求而做出的

詮釋，使得某些特定類型病人中，有多少深刻的變化被我阻止或延遲了，一想到這些我就膽戰心驚。只要我們能夠等待，病人就會達成創造性的理解，並且會帶著巨大的欣喜感，我現在更多的是享受這種欣喜感，而不像過去那樣僅僅享受聰明的感覺。我認為我的主要詮釋是讓病人知道我存在理解的局限性。治療的實質是病人擁有真正的答案，而且只有病人才擁有真正的答案。」

65. 如同車子在山中迂迴前進，說出詮釋，不只是如佛洛伊德說過的，如同只是給飢餓的人菜單，或只是如在山中孤獨開著車，安慰說最後會見到自己的女兒，但是實質並不知，雖然氣氛上好像是可以見到面。

66. 相較於山景的沉穩感，對於茱麗亞來說，混亂，也是種多重情感混合而成的某種狀態。重新再觀察和想像，一些情感之間的關係，孤獨、恐懼、荒涼、憂鬱，這些語詞之間被同時來描述時，看起來它們的並行存在，並不會相互違和。也就是它們是有著某種可以在一起，可以一起出現的情感，雖然如果個別說明它們時，是各有著自己的存在方式。

熱情氣色不曾消褪的苦與痛：
阿莫多瓦《我的母親》《沉默茱麗葉》

67. 那麼前述這些情感之間是否有什麼關係呢？或者它們之間以什麼，做為相互聯結的存在？它們只是各自存在的心理碎片，相互不認識？那麼它們是沉默的嗎？如果就象徵來說，它們如果沉默，就是不表達自己，但是它們會發揮作用，應是它們以自己表達了自己，或者是說了自己？但是誰幫它們執行它們存在的方式，進而總結起來帶來的問題？或者說帶來對人的口語來說的沉默？

68. 以沉默為名，因此導演是以如何讓說話，和說出來某些一直被掩飾的話做為方向，如何讓那些話要說出來的過程具有合理化，而不是無厘頭似說話好像只是自言自語？而是可以變成有在溝通的話，並讓這些話可以有著某種交流，尤其是讓人和人之間可以有和好的可能性？

69. 不過如果從原著小說作者的三篇短篇小說結局來看，小說家也許冷酷些，最後仍是難以有機會讓某些深藏的話，可以對著原本要說的人吐露出來。電影的導演似乎讓這種深藏的話，被說出來有著可能性。雖然以電影的延伸想像來說，那些話並未在電影裡聽到，而

是透過茱麗亞給女兒的信裡，聽到了茱麗亞的心聲。後來紅色的車子沿著山路開著，方向是往女兒所在的地方。

70. 阿莫多瓦依然色彩鮮艷的述說著，就算是最低潮的人生，仍是有著色彩如同母親般，讓悲慘有著視覺上的輝煌。以視覺的多彩和輝煌，來看待人生的挫敗和恐懼，的確是阿莫多瓦在情感上的成就。不過這並不太是以誇張要來避開深層的苦痛，而更像是以鮮艷色彩來活絡內心的悲哀，卻是有著深深的接受那些情感的存在，一如人是活著那般平常，我覺得這是色彩運用上的高度成就。

71. 雖然如女演員說的，「這是個很困苦的角色。在我看來，猶如落入荒涼、孤獨和恐懼的黑暗深坑中。」是喔，就是在電影中演出了，或是在角色裡生活出了，這些荒涼、孤獨和恐懼。

72. 如果要說精神分析，尤其是溫尼科特的論點，可以派上用場做為出發點，這三種感受可以說是，溫尼科特在《對崩潰的恐懼》裡，所想要描繪的，嬰孩在生下

  熱情氣色不曾消褪的苦與痛：
阿莫多瓦《我的母親》《沉默茱麗葉》

來後不久，即開始經驗的心理世界。如果只用罪惡感來描繪這些複雜的感受，可能會是很可惜的事，雖然在外顯上有著這樣的性質，而讓茱麗亞在種種偶然的因素下，覺得要花費心思找到自己的女兒，但是這麼多年的女兒的離家和未聯絡她，茱麗亞只是帶著心事，但先前就在人生的其它事上流轉，要讓自己有個像樣的人生。

73. 那麼茱麗亞的心聲，卻更像是要說給觀眾聽的。這是很有趣，雖在電影技巧上並不是少見的手法，但是把觀眾拉來聽，似乎是有著更重要的意味。觀眾比女兒早聽到，媽媽茱麗亞要說給她聽的心聲，我覺得有趣是一種有意思的聯結，電影和觀眾之間的聯結，這好像讓電影活了起來，可以和觀眾有著某種關係的聯結，電影變成主體，而觀眾變成客體。雖然電影本身和觀眾，都不是電影裡的人物，而且真正要靠對話來獲得了解和諒解的是，電影裡的茱麗亞和女兒，以及其他人物之間的對話。但是這種電影手法，是讓電影和觀眾之間有著自己的聯結，觀眾因為旁聽和旁觀了茱麗葉的信裡的心聲，而變成了茱麗葉的女兒。

74.「當我談到客體的使用的時候，理所當然地包括客體一關聯的概念，同時增加了一些涉及到客體本性和行為的新特徵。例如，如果客體是被使用著的，那麼這個客體作為共用現實的一部分則必須是真實的，而不是投射出的一束幻想。我認為，正是這種（互動）現象創造出了具有差異性的世界，這種差異存在於關聯和使用之間。……，有兩個嬰兒正在乳房邊被餵養著，一個正在靠他自己以投射的方式餵養著，而另一個正在靠（使用）來自母親乳房的奶汁餵養著。母親們，分析師們可能是足夠好的或不是足夠好的。其中一些母親或分析師能夠帶領孩子從關聯狀態走向使用狀態，而另一些不能夠完成這個任務。」

75. 這裡所談的「客體關聯」，是指母嬰之間，如果在母親提供了恰恰好的情境對待嬰孩，會創造出嬰孩有著和客體是有關聯的感覺和能力。如果這樣，這是走向未來可以好好使用客體來幫忙自己的基礎。治療者和個案之間，如果個案能夠好好使用治療者時，溫尼科特強調這時候「客體作為共用現實的一部分則必須是真實的，而不是投射出的一束幻想。」這裡的真實的客體是否是原本的對象呢？例如是否一定要母女相見

　熱情氣色不曾消褪的苦與痛：
阿莫多瓦《我的母親》《沉默茱麗葉》

的眞實後，才能改變先前的種種遺憾？

76. 或者只要茱麗亞在自己心中反覆思索和消化，就可以解決當年的遺憾，而不需要和女兒眞的見面呢？這議題是個有趣的主題，畢竟有些對象早就過世了，那麼能夠解決心中的遺憾嗎？也許大部分人可以，而有些人需要眞實的客體，因此就會需要有治療者做眞實對象的移情，並在這新的關係裡培育舊的關係，讓這種新舊關係的爬梳消化，而可能帶來如同當年的客體，仍如眞實的存在，而帶來的效果嗎？

77. 這是目前心理工作的重要假設，因此我們會很自然的期待，導演心中在最後是讓茱麗亞可以和女兒見面，如實的見面。而從嬰孩的「客體關聯感」的建立，到未來有能力好好「使用客體」，這條路途其實有些像茱麗亞和女兒發生過一些過節，而這時茱麗亞開車在山區山路盤旋的路途，其實仍是充滿了各種內在心理和外在現實的波折。也就是這個山景的過程，很適合來說明從「客體關聯」到「客體使用」的心理路途。

78. 所以如果從另一角度來說，這部電影的主角是女兒，也就是如何準備好，要聽媽媽茱麗葉的話了？這是比

較接近臨床的某種情境，女兒如同個案位置，治療者需要有那些準備來說出話？雖然我們不會說，是要治療者說出自己的故事，但是對於「移情」的戲碼來說，就算說宣稱是中立式的詮釋，好像是說出個案的心聲，但是本質上仍有著那是治療者的心聲，是在移情的基礎上所形成和想到的話語？

79. 雖然以「詮釋」為名，不過如果以我前述的這種說法，來看詮釋這項技術，也許我的說法比較有機會，讓我們想像在移情做基礎的關係裡，那是很多沉默所累積出來的祕密語言，是治療者覺得是否要說出來，在什麼說出來，會比較好的話語？治療者也經歷過長時的沉默，那麼治療者的沉默，和沉默茱麗亞的沉默，兩者之間有著什麼可以相互比對，而相互增進想像的空間呢？

80. 沉默說了什麼才是重點。也就是在沉默的時候，同時還有著什麼同時發生著？例如沉默是由於驚恐，而只能花力氣在安撫自己的驚恐，因此缺乏餘力去處理其它要處理的事？例如照顧女兒時變得人在心不在。

熱情氣色不曾消褪的苦與痛：
阿莫多瓦《我的母親》《沉默茱麗葉》

81. 如果以方程式來說明，左邊是沉默，不是金而是帶來問題和僵局，那麼在方程式的等號右邊，是有那些現象共同交織，加減乘除再加上平方或根號，而使得沉默變成是帶來問題的原因。

82. 佛洛伊德在他的時代，對於歇斯底里的好奇和想要處理它們，以便使自己的診所可以經營的下去，後來的說法是有著「失語」的說法，意味著由於失語而未能說出內在的衝突，而使得症狀在失語，但卻要表達自己的情況衝出來，以症狀的型式。這裡的「失語」也許是「沉默」的意思，只是佛洛伊德對於苦痛、失落和憂鬱的情感，他承認是相對少深入探索，他在論文《焦慮、症狀和抑制》裡的附錄，是提出了自己的不足之處，直到後來1939年過世，也大致仍是如此。

83. 如果搭配沉默是金來想的話，我們可以大致說的是，問題不全然在於沉默，而是在於還有著其它因子的共時存在，而是其它因子共同帶來了，後續種種困局和人生的遺憾。

84. 茱麗葉的女兒在父親意外過世後，面對著憂鬱的母親

茱麗葉的失魂落魄，年紀尚輕的安提亞負起照顧母親的任務。安提亞和朋友貝雅一起把母親從水裡抱起：茱麗葉在浴缸中恍神失溫，她們把她用大浴巾裹好，小心翼翼將茱麗葉抱在懷中。離開水中的母親，全身赤裸，像寶寶一樣無助柔軟。安提亞覺得自己生下了母親。

85. 母親如此柔軟，像暴風雨前的大海，寧靜無語，自從先生佐安過世後，茱麗葉失神，軟弱，陷入無底限漫長的憂鬱。十幾歲的安提亞被迫長大，她成為壯碩的一方，擔負起保護母親的責任。後來卻在母親病情平穩後，選擇離開，這是很複雜的情感，意味著仍難以消化，而採取避開的方式來剎車？

86. 人生難題在於，「從發生順序上看，你可以說，首先出現的是客體-關聯（object-relating），接下來在最後才出現客體-使用。然而，在這兩個極端之間，也許是人類發展過程中所遇到最困難的事情，或者是在所有需要修補的早期病理特徵中，這一階段是最令人煩惱、最困難修復的時期。」

熱情氣色不會消褪的苦與痛：
阿莫多瓦《我的母親》《沉默茱麗葉》

87.「一個新的特徵出現在了客體―關聯的理論中。

主體對客體說：『我要摧毀你』，

客體在那裡接受了主體傳遞過來的資訊。從現在開始，

主體會說：『你好，客體！』、『我毀了你』、『我愛你』、『你對我有價值，因為你在我毀滅你之後倖存下來。』、『當我愛你時，我一直在我的（潛意識）幻想裡破壞你。』」

88. 它的複雜性在於，當和媽媽上下學時，所經驗的戀愛和失戀，兩者不是消失過。如何不是只以罪惡感來形容其中複雜的情感？從女孩、女人到媽媽的過程，身體的慾望在偶發的機遇裡，遇見了誰，也錯過了誰，遇見的是愛戀，而錯過的是失戀？只是這裡的失戀，是茱麗葉不回應他的那位臥軌的男子，或者自己的丈夫？

89. 慾望以及慾望的對象，都是有道理，或者有些則是機運偶發時慾望的激發？不過都有著不同的代價在等待著，我相信這不是阿莫多的道德式的想法，而更是慾望和客體之間、不同男女之間、女兒和媽媽之間，難

以控制的人生戲碼。

90. 以出走做爲解決的方式，但是如劇中所說，沉默，以
爲不會傳達出罪惡感給他人來承擔，但是沉默卻是像
病毒，也許不是沉默像病毒，而是另有我們仍無知的
實情，因爲對所有人都是難以體會和承受的實情，因
此對人來說，無知就成爲必然和必要……（完）

蔡榮裕

精神科專科醫師
臺灣心理治療個案管理學會理事長
臺灣精神分析取向心理治療研究會召集人
前松德院區精神科專科主治醫師
臺灣精神分析學會名譽理事長
臺灣醫療人類學學會會員
高雄醫學大學阿米巴詩社社員
松德院區《思想起心理治療中心》心理治療資深督導

  熱情氣色不曾消褪的苦與痛：
阿莫多瓦《我的母親》《沉默茱麗葉》

與談人：何彥廷

　　我問自己，如果在相遇重聚的時刻，可以看到一種優雅，那是爲了什麼？劇中的茱麗葉在寫信的過程，提到說安堤亞已經長大了，是位母親了，可以知道這些過去所發生的事了。

　　這是什麼意思？

　　是不是在茱麗葉的想像裡，小孩是沒有辦法去直面眞相、直面罪惡感的嗎？

　　或者小孩是沒有辦法回應母親對於外遇所產生的嫉妒面容，以及內在的恐懼的嗎？

　　我聯想到，當茱麗葉發現到她的父親外遇時，她將母親打扮的很優雅美麗，要父親給母親一些稱讚。這裡的優雅作爲一個客體，是不是一種空洞的塡補？塡補了某種導致與父親斷裂的空缺。或許茱麗葉對於發現自己在女兒面前憂鬱而失去優雅的時候，感覺是很難堪的。我的思緒跳到現實中我經常看到的育兒景象，母親需要被一個小小生命，打亂作息節奏、把屎把尿、甚至日以繼夜應付著各種困難挑戰，實在很難想像這樣的母親可以永遠優雅。

這樣電影與我現實經驗的對比令我在思考，優雅作為一種客體，有沒有可能也是一種死去？彷彿優雅也扼殺了某些真實的情感。如此推演，我不禁在猜想，對安堤亞來說，母親的優雅究竟是一個活生生的客體，抑或者是死去的客體呢？

　　在溫尼考特的說法當中，小嬰兒潛意識中的攻擊，客體倖存下來了，並且沒有施予報復的作為，小嬰兒才能真正認識到客體作為一個主體的存在。當然潛意識的想像並非真實世界的發生，我也好奇長大後的我們，怎麼體現這些嬰幼兒時期的假設與被驅動著。還記得劇中佐安的死去後，母親茉麗葉的驚慌之下的面孔是失神死寂的。

　　安堤亞與貝雅在球場上打籃球的場景中，安堤亞特地到母親的面前，用著籃球去吸引母親的注意時。我想，安堤亞彷彿試著喚醒這個客體的回應，但同時他可能也夾帶著一種挑釁。彷彿抱怨著：「嘿！活過來好嗎？我在這！妳不准死掉！」這或許沒有考慮到母親的心情，這樣可以說也是一種攻擊的味道蘊含在裡頭嗎？

　　但對我們來說，講到攻擊那或許是太過於成人式的思考了。如果嬰兒咬著母親的乳頭，想要召喚乳汁的餵養，那是一種施虐？還是嬰兒無情的一種召喚？那背後也夾帶了多少害怕與焦慮？但我也在想，已經長大如安堤亞的

  熱情氣色不曾消褪的苦與痛：
阿莫多瓦《我的母親》《沉默茱麗葉》

她，我們可以用多少比例的嬰兒原始經驗來探討此時此刻的心智呢？我留下了許多在探問自己。

　　畫面接到下一幕，當茱麗葉說到：「當時的自己心力交瘁，而安堤亞壯得跟一頭牛，對比著自己的無力。」我在想對茱麗葉來說，那是否也烙印下某些什麼，而讓茱麗葉越來越憂鬱呢？茱麗葉說安堤亞長大了。這份長大對茱麗葉來說，是否也代表著那個兒童部分的安堤亞也死去了呢？而隨著這份死去，作為母親的自己，是否也就陪葬了呢？我想到母親與孩子的分離，在父親死亡的那一刻，是不是也遇到些阻礙了呢？

　　回看前述的文字，我發現我有著許多的問題，正如這部片名《沉默茱麗葉》。我對著影片做為一個文本，我只能自己暗自猜測，因為我對著的只有一個已經完成的影片，而非能夠與我對話的人。我變得只能自問自答，暗自想像。我突然有種與劇中沉默的母女兩人，有著類似的情感，我們之間沒有語言，只有留在心中的眾多的想像。當然，可能作為一個電影賞析的初學者，我才剛起步吧。

　　回到關於客體倖存這個主題，當我在思考客體的倖存還是死去時，我產生了一些混沌難以區分的感受，究竟無法倖存的是客體，還是隨著客體離去的自己？在這些客體無法倖存的思緒當中，我也在想無法倖存的究竟是怎麼

樣的客體？或許也不只是一個完整的客體，而是那部分碎裂的客體碎片，像是母親的關懷品質、女兒的認同與依賴⋯⋯

在每個碎片的無法倖存，集結出來的死亡氣息，若沒有其他部分的客體來匯集生的氣息來抵禦時，那是否毀滅就真正發生了？發生在兩個女人之間無法倖存的幻想，中間夾著一個事實是，父親佐安的不在場。

這件事讓我想到一個假設，是不是因為父親功能的不在，無法在母女之間形成一種潤滑劑？

如果功能可以透過關係的內攝來活在個體的心中，那會不會在他們的三人關係當中，父親的功能並沒有真正地在茱麗葉和安堤亞的心中，用一種象徵的方式活成永恆的客體。

我想到劇中，茱麗葉和安堤亞熱切的眼神彷彿慾望著佐安，或許身為妻子跟身為女兒的慾望是不一樣的，但裡頭會不會也有著一些相似的本質。而佐安的死去也意味著只能靠想像力來讓父親活著，但想像畢竟只是想像，並沒有在兩人之間起到作用？

在多年後，茱麗葉遇到了一個對自己體貼的伴侶，當自己在馬路上失神被車撞傷時，伴侶的偶然出現，我想他應該感受到自己被呵護的心情吧！

熱情氣色不曾消褪的苦與痛：
阿莫多瓦《我的母親》《沉默茱麗葉》

而在他們對話當中，茱麗葉發現到不論自己如何將對方推開，伴侶依然出現在她的身邊。當茱麗葉的伴侶重新拿出安堤雅的信件給茱麗葉時，伴侶所給予的支持話語，好像也護持了茱麗葉的焦慮與罪疚，而讓茱麗葉往前進了一步，踏上了重聚的道路。是這份護持維繫了優雅嗎？這也讓我想到佐安死前跟茱麗葉的互動，好像佐安不能護持茱麗葉對於關係的焦慮，同時佐安死亡的這個事件，可能真的嚇壞了茱麗葉，那個驚嚇是，自己的嫉妒與焦慮真的殺死了佐安，但同時又不知道如何安放對佐安的恨意！這令我在想護持在罪惡感當中所扮演的功能。

　　而安堤亞這端的版本，結婚生子的她，同時也歷經了兒子的死亡。這些過程，讓安堤亞意識到自己的離開，對於母親的影響是有多可怕的。其實劇中沒有交代到安堤亞如何面對兒子的死亡以及對母親的罪惡感。但我們能看到的是這份罪惡感使得安堤亞採取的這個修復關係的行動。就安堤亞的說法，她因為體會到喪失兒子的痛，所以能夠體會自己的離開，母親會有多痛。

　　但對於這樣的說法，我暗自想像了一些其他可能性。我在思索的是，安堤亞真的一直沒能體會到自己的離去會使得母親痛苦嗎？會不會佐安溺水的死訊，安堤亞對於自己的不在場是很感到罪惡的，同時也對於茱麗葉的在場卻

無能改變死亡的事實而感到恨意，而因此對於茱麗葉的罪惡感也就被壓抑了下來了。

　　當安堤亞面對到自己兒子溺水的死亡，是否也感受到自身即便在場也無力挽回，所以原本對於茱麗葉在場的恨的感受也起了些變化，而讓自己對於茱麗葉的罪惡感得以再次被召喚。或許在試圖原諒茱麗葉的行動，也正在試圖原諒自己的不在場。但這終究是我的猜測，這也是安堤亞給自己的說詞沒有觸及的思考。我想無論是什麼原因，罪惡感的再次浮現，在這過程當中，也起了一些修復的功能。

　　劇中茱麗葉說到，她還是把罪惡感傳染給安堤亞了。這樣的形容，令我感到好奇！罪惡感的傳染，會用什麼樣的方式體現出來？講到這裡，我不禁在想，罪惡感是一種從茱麗葉身上傳遞到安堤雅身上的一種傳染病毒嗎？抑或者是某種兩人之間的一個互動裡頭所蘊含的成分，誘發了彼此身上的罪惡感。

　　就像是感冒時我們的發炎反應一般，罪惡感或許是一種結果，它可能讓每個人心中都承擔了些什麼，也或許它是我們在內心深處為了抵禦些什麼所換來的發炎反應？而唯有發炎了，我們身體才能夠去好好修復。這讓我想起一些在心理治療當中產生罪惡感的情境，這份罪惡感有時會

  熱情氣色不曾消褪的苦與痛：
阿莫多瓦《我的母親》《沉默茱麗葉》

成為一種阻抗，但有時它也正在進行一種修復，而身為心理師的我們，也都在這兩者之間去護持跟陪伴吧。

最後拉回到優雅作為一個重聚的客體，這真的是一條漫長的道路，在修復的過程讓自己能夠優雅，才能讓這份重聚不再需要承受過多的傷痛。另外一個問題是，兩人分離十多年，這份關係最後仍然可以修復嗎？劇中就停在茱麗葉最後去找安堤亞的路上。但我想到溫尼考特說到，母親離開孩子一定時間之後，客體就會被知覺到死亡。如果是死亡，那麼關係是可以復甦的嗎？又或是相遇之後會繼續怎樣的關係？這又是另外一個考驗了吧。

另外想稍微思考一下劇中一位神秘的角色，瑪麗安。瑪麗安在劇中扮演著一位知曉一切真相的象徵，同時一直有股揭露一切的衝動。然而她的身分，是能說出口的嗎？記得劇中瑪麗安說，我不應該批評佐安。

作為這棟房子裡的管家（也或許她不只是一個管家，但這就是我的幻想罷了），她什麼能說什麼不能說？當茱麗葉對著佐安說，要堵住瑪麗安的嘴時，她想堵住的究竟是什麼呢？這個部分一直讓我覺得曖昧不明。

我們對於真相有著知與不知的慾望。就像當茱麗葉問起瑪麗安：「佐安的外套妳要穿著走嗎？」這背後不知道茱麗葉是否也像我一樣，懷疑著些什麼呢？有什麼是一直

沒有浮現的呢？而這份懷疑，也在想要知與想要不知當中
矛盾著。

　　然而瑪麗安回應茱麗葉：「這是佐安多年前送自己的
外套，這是佐安送自己的。」

　　她在威脅她嗎？這是不是也是女性間的一種競爭，尤
其在瑪麗安對著茱麗葉說到，妳如果選擇自己的道路，那
麼妳是會重蹈覆轍的。這似乎暗指了茱麗葉如果希望作為
一個主體時，她是會失去她的老公的。所以當我們想要做
自己或是為自己說點什麼的時候，我們是會失去是會被背
叛的嗎？難道這也是存在在瑪麗案身上的一種傷嗎？所以
她將這份預言放置在茱麗葉的身上。

　　最後想說點我對優雅的想像，優雅好像是一種「輕輕
的」感覺，那究竟要怎麼走到這一步呢？

　　想到一種方式是，割捨掉多餘的沉重情感，讓自己邁
開輕輕的步伐。

　　另外一種方式是，打包整理過去內心的行囊，長出一
點邁開腳步的力量。

　　還有一種是，找到一個可以分擔的人，一起前進。

　　當然也可以無情暴力地，將身上的所有重量，投擲在
一個人或是眾人的身上。

  熱情氣色不曾消褪的苦與痛：
阿莫多瓦《我的母親》《沉默茱麗葉》

但不論是哪一種，也都造成我們的際遇，以及所有的偶然。

何彥廷
諮商心理師
國立東華大學 諮商與臨床心理學系 碩士畢
台北市立聯合醫院松德院區思想起心理治療中心 臨床學員

與談人：周容琳

在場與不在場：《沉默茱麗葉》與Winnicott的邂逅

　　由佩卓・阿莫多瓦自編自導的2016年西班牙電影《沉默茱麗葉》是該導演第20部電影，在邊看電影以及觀賞完後隨想了一些想法。

（一）安提亞童年感受的再現（representation）與觀眾的互動

　　在女兒安提亞（Antía）十八歲消失後，電影畫面完全沒有交代安提亞消失的十二年間她人在哪，為什麼離開。這種令觀眾感到困惑、摸不著頭緒、充滿想知道他人在哪的好奇心與渴望甚至想知的迫切，與無知的無力和失落，好像也反應出安提亞還是兒童時的心理，她也是這樣感知父親的死亡與母親的憂鬱。彷彿電影的手法讓觀眾藉由看不到消失的安提亞也體會一次安提亞童年感知父職與母職的消失（paternal and maternal figure的消失），那種失落、那種無助，那種空白。藉由觀眾的感受，讓安

熱情氣色不會消褪的苦與痛：
阿莫多瓦《我的母親》《沉默茱麗葉》

提亞的童年感受得以再現（representation）。

（二）既存在又不存在，既知又不知

　　管家瑪莉安（Marian）此一角色的存在對我來有種很突兀又莫名其妙的感覺。她既嚴肅（面無表情、甚至有點冷漠感）又溫暖可靠（一直存在這個家，打理著一切事務。不離開又不踰矩，不會與男主人外遇）；既知道這個家所有的祕密，包括告訴女主角茱麗葉（Julieta）男主與女性友人艾娃（Eva）的外遇，以及告訴安提亞父親死亡前父母的互動，又不過分介入這個家庭的運作。管家這樣的存在讓我想到相似於父母目睹兒女自慰卻知而不說或是小孩目睹父母做愛知而不說的那種時候與微妙的氣氛。

　　整場電影讓我沉浸在「客體與主體的存在與不存在」的渲染與氛圍中，筆者想到瑞君心理師在台灣精神分析學會第三季（2022年11月）講課中講述精神分析師Tomas Ogden的文章《Interpretations of Aspects of the Work of Donald Winnicott》（1985）中介紹到Winnicott提及概念：The Presence of the Absent Mother和The Absence of the Present Mother兩者的區別，以及母親存在與不存在和孤獨的能力（The Capacity to be

Alone）之間的影響。

（三）後記餘韻

　　在最後的綜合討論時，明智心理師與瑞君心理師提出文字與治療師和個案會談的不一樣。應和著此問題，以下是筆者的想法：會談是流動的，個案與治療師的對話在空間中流動著，並不會被定下來，思緒、感受與想像也時時刻刻在變化著。而文字，特別是會出版的文字，例如文稿或書籍，因爲文字一但被呈現出來，就是固定了的，所以作者在撰寫語詞時會百般的掙扎、挑選、百裡挑一，重複來回改寫，即便交稿了，仍然會有種「啊不夠好～」、「哎呀，應該要用什麼字詞」的悔恨或總是不及之處之感。

周容琳

淡江大學 教育心理與諮商研究所 碩班生

台北市立聯合醫院松德院區思想起心理治療中心 實習心理師、臨床學員

精神分析愛好者

熱情氣色不曾消褪的苦與痛：
阿莫多瓦《我的母親》《沉默茱麗葉》

《附錄一》

【薩所羅蘭】精神分析的人間條件13（以線上視訊方式）

電影與精神分析（以文會友[嵐讀書]的朋友）

標題：不在場的客體：如何借給愛恨情仇使用，尋找多情的出路？

時間：2023.05.21 周日 08:45-17:20

阿莫多瓦《我的母親》、《沉默茱麗葉》與Winnicott《客體的使用》

計劃如下：

1. 各位主要報告者每人各評論評我們的某一篇文章（每篇約六千字），會希望至少在活動前兩周放進共筆，不過可能會晚些完成，因此請與談人可以就先依材料先書寫約二千。

2. 工作坊討論型式是，每場的論文作者十五分鐘，接著與談人簡報十分鐘，接下來請所有人一起討論。每場次有約25分鐘的自由討論，討論過程會錄音，事後來處理成文字，再請發言者修改。

3. 會先將預寫的文字整理成一本書來出版。至於會場時的

錄音變成文字需時間，也要再修正則看相關結果再來處理，看如何出版事宜。錄音要出版前，一定會再請各位發言者再看修改後才會出版。

4. 預計是一天有八場，每場約五十分鐘，與談人談論其中兩場，但期待你全程參加，並參與所有場次的討論。場次安排請看後續內容。請各位以自由的心情和態度，來自由的發言。

5. 我們會建構一個共同的臨時群組做會前的討論用，另也會建構一個google word的共享內容會放一些文獻，參考的文獻就只是參考，你能看多少都是可以的，發言不必然限在Winnicott的論點，來自由地交換想法才是主要目的。

6. 我們不必是以電影或阿莫多專家或Winnicott專家的方式來進行，讓我們可以交流討論各自的臨床經驗和想法。也不必然限定在Winnicott的論點。我們期待是，大家可以更自由的依著自己的經驗來想像和交流，我們也相信這些想法都有這時代的價值，值得變成文字而保存下來。

主題：

不在場的客體：如何借給愛恨情仇使用，尋找多情的出

熱情氣色不曾消褪的苦與痛：
阿莫多瓦《我的母親》《沉默茱麗葉》

路？

（阿莫多瓦《我的母親》、《沉默茱麗葉》與Winnicott
《客體的使用》）

1. 恨的善良：當了很久的母親後，不明確的挑戰做為客體
2. 愛的堅強：準備成為母親前，秘藏的生命熱誠做為客體
3. 仇的寬容：不是生理母親，多餘性器官的性和性別做為
   客體
4. 情的美麗：失落兒子後悲傷母親，時光不再復返做為客
   體
5. 罪惡感的鮮艷色彩：借問幽默如何做為罪惡的客體？
6. 情感是種難斷的癮：探問悲憫如何做為情感的客體？
7. 分離來不及說理由：詢問離奇如何做為分離的客體？
8. 重聚不必多說理由：問問優雅如何做為重聚的客體？

上午：（主持人：蔡榮裕）

報告人：王明智、陳瑞君、陳建佑、王盈彬。

與談人：邱顯翔、張贏云、謝昀融、廖麗霞。

（上午場：阿莫多瓦《我的母親》）

下午：（主持人：王盈彬）

報告人：黃守宏、郭淑惠、劉又銘、蔡榮裕。

與談人：劉俊廷、王怡萍、吳婉綺、何彥廷、周容琳。

（下午場：阿莫多瓦《沉默茱麗葉》）

1. 08:40-09:30 恨的善良：當了很久的母親後，不明確的挑戰做為客體（王明智心理師）（與談人：邱顯翔實習心理師）

2. 09:30-10:20 愛的堅強：準備成為母親前，秘藏的生命熱誠做為客體（陳瑞君心理師）（與談人：張贏云實習心理師）

3. 10:20-11:10 仇的寬容：不是生理母親，多餘性器官的性和性別做為客體（陳建佑醫師）（與談人：謝昀融實習心理師）

4. 11:10-12:00 情的美麗：失落兒子後悲傷母親，時光不再復返做為客體（王盈彬醫師）（與談人：廖麗霞實習心理師）

（上午場：阿莫多瓦《我的母親》）

（上午場主持：蔡榮裕／下午場主持人：王盈彬）

5. 13:30-14:20 罪惡感的鮮艷色彩：借問幽默如何做為罪惡的客體？（黃守宏醫師）（與談人：劉俊廷實習心理

熱情氣色不曾消褪的苦與痛：
阿莫多瓦《我的母親》《沉默茱麗葉》

師）

6. 15:10-16:00 情感是種難斷的癮：探問悲憫如何做為情感的客體？（郭淑惠心理師）（與談人：干怡萍實習心理師）

7. 16:00-16:50 分離來不及說理由：詢問離奇如何做為分離的客體？（劉又銘醫師）（與談人：吳婉綺實習心理師）

8. 16:30-17:20 重聚不必多說理由：問問優雅如何做為重聚的客體？（蔡榮裕醫師）（與談人：何彥茳實習心理師、周容琳實習心理師）

　　（下午場：阿莫多瓦《沉默茱麗葉》）

《附錄二》

薩所羅蘭團隊
【薩所羅蘭的山】
陳瑞君、王明智、許薰月、劉玉文、魏與晟、郭淑惠、陳建佑、劉又銘、謝朝唐、王盈彬、黃守宏、蔡榮裕。

【薩所羅蘭的風】（年輕協力者）
彭明雅、白芮瑜、王慈襄、張博健。

【薩所羅蘭的山】

陳瑞君
諮商心理師
臺灣精神分析學會會員
臺灣醫療人類學學會會員
臺灣精神分析學會推薦精神分析取向心理治療師
臺灣精神分析學會《台北》心理治療入門課程召集人
松德院區《思想起心理治療中心》心理治療督導
國立臺灣師範大學教育心理與諮商所博士班研究生
聯絡方式：intranspace@gmail.com

熱情氣色不曾消褪的苦與痛：
阿莫多瓦《我的母親》《沉默茱麗葉》

王明智

諮商心理師
臺灣精神分析學會會員
《小隱》心理諮商所所長
臺灣精神分析學會推薦精神分析取向心理治療師
臺灣精神分析學會影音小組成員
松德院區《思想起心理治療中心》心理治療督導

許薰月

諮商心理師
巴黎七大精神分析與心理病理學博士候選人

劉玉文

諮商心理師
看見心理諮商所　治療師
亞洲共創學院 總經理／資深職涯顧問
臺灣精神分析學會會員
聯絡方式：backtolove99@gmail.com

魏與晟

臺北市聯合醫院松德院區諮商心理師
臺灣精神分析學會會員
精神分析臺中慢讀學校講師
松德院區諮商心理實習計畫主持
國立臺北教育大學心理與諮商研究所碩士

謝朝唐

精神科專科醫師

中山大學哲學碩士

巴黎七大精神分析與心理病理學博士候選人

劉又銘

精神科專科醫師

台中佑芯身心診所負責人

臺灣精神分析學會推薦精神分析取向心理治療師

精神分析臺中慢讀學校講師

聯絡方式：alancecil.tw@yahoo.com.tw

陳建佑

精神科專科醫師

臺灣精神分析學會會員

精神分析取向心理治療師

高雄市佳欣診所醫師

聯絡方式：psytjyc135@gmail.com

王盈彬

精神科專科醫師

精神分析取向心理治療師

臺灣精神醫學會會員

臺灣精神分析學會會員

臺灣精神分析學會《台南》心理治療入門課程召集人

熱情氣色不曾消褪的苦與痛：
阿莫多瓦《我的母親》《沉默茱麗葉》

英國倫敦大學學院理論精神分析碩士
王盈彬精神科診所暨精神分析工作室主持人
聯絡方式：https://www.drwang.com.tw/

黃守宏

臺北市立聯合醫院松德院區精神科主治醫師
前臺北醫學大學附設醫院精神科暨睡眠中心主治醫師
前臺北醫學大學學生事務處學生輔導中心主任
臺北醫學大學醫學系專任講師
臺灣心理治療個案管理學會理事
臺灣精神分析學會會員
臺灣精神分析學會台北春秋季班講師
松德院區《思想起心理治療中心》心理治療督導
美國匹茲堡大學精神研究中心訪問學者

郭淑惠

諮商心理師
新竹《心璞藝術》心理諮商所所長
精神分析取向心理治療師
臺灣精神分析學會會員
臺灣藝術治療學會專業會員
松德院區《思想起心理治療中心》心理治療師
台北市立大學教育學系教育心理與輔導組博士
聯絡方式：xinpu48@gmail.com

蔡榮裕

精神科專科醫師

臺灣心理治療個案管理學會理事長

前松德院區精神科專科主治醫師

臺灣精神分析學會名譽理事長

臺灣醫療人類學學會會員

高雄醫學大學阿米巴詩社社員

松德院區《思想起心理治療中心》心理治療資深督導

聯絡方式：roytsai49@gmail.com

熱情氣色不曾消褪的苦與痛：
阿莫多瓦《我的母親》《沉默茱麗葉》

【薩所羅蘭的風】（年輕協力者）

張博健

諮商心理師

精神分析取向臨床工作者

聯絡方式：bojianchang@gmail.com

白芮瑜

諮商心理師

國立臺灣大學學務處學生心理輔導中心　專任心理師

古意心理諮商所　諮商心理師

臺灣心理治療個案管理學會秘書長

彭明雅

諮商心理師

臺灣心理治療學會秘書

《昱捷診所》諮商心理師

《士林身心醫學診所》合作心理師

王慈襄

諮商心理師

法務部矯正署臺北看守所 專任心理師

臺北榮民總醫院向日葵學園（兒童青少年日間病房）特教個管
老師

《附錄三》

[嵐讀書]成員

邱顯翔
諮商心理師
國立臺北護理健康大學　生死與健康心理諮商學所碩士畢
台北市立聯合醫院松德院區思想起心理治療中心　全職實習心
理師、臨床學員

張贏云
精神分析愛好者與學習者

謝昀融
諮商心理師
國立政治大學輔導與諮商碩士學位學程　碩士畢
國立政治大學身心健康中心　初談員
滬江高中　兼職諮商心理師
台北市立聯合醫院松德院區思想起心理治療中心　全職實習心
理師
台北市立聯合醫院松德院區思想起心理治療中心　臨床學員

廖麗霞
思想起心理治療中心兼全職實習心理師、臨床學員

熱情氣色不曾消褪的苦與痛：
阿莫多瓦《我的母親》《沉默茱麗葉》

桃園市立壽山高中認輔老師
精神分析的愛好者

劉俊廷

文化大學心理輔導學系碩士班學生
台北市立聯合醫院松德院區思想起心理治療中心 兼全職實習心
理師、臨床學員
精神分析愛好者與學習者

王怡萍

諮商心理師
銘傳大學諮商臨床與工商心理學系碩士畢
台北市立聯合醫院松德院區思想起心理治療中心 兼全職實習
心理師、臨床學員
新北市立光華國民小學專任輔導老師
精神分析愛好者與學習者
精神分析深度心理治療
個人中心兒童遊戲治療

吳婉綺

諮商心理師
國立臺北護理健康大學 生死與健康心理諮商學系碩士畢
台北市立聯合醫院松德院區思想起心理治療中心 實習心理
師、臨床學員
花蓮慈濟醫院精神醫學部心理治療與諮商中心 心理治療師

何彥廷

諮商心理師

國立東華大學　諮商與臨床心理學系　碩士畢

台北市立聯合醫院松德院區思想起心理治療中心　臨床學員

周容琳

淡江大學 教育心理與諮商研究所 碩班生

台北市立聯合醫院松德院區思想起心理治療中心 實習心理師、
臨床學員

精神分析愛好者

熱情氣色不曾消褪的苦與痛：
阿莫多瓦《我的母親》《沉默茱麗葉》

國家圖書館出版品預行編目資料

熱情氣色不曾消褪的苦與痛：阿莫多瓦《我的母親》《沉默茱麗葉》/ 王明智、邱顯
翔、陳瑞君、張贏云、陳建佑、謝昀融、王盈彬、廖麗霞、黃守宏、劉俊廷、郭淑
惠、王怡萍、劉又銘、吳婉綺、何彥廷、周容琳、蔡榮裕 合著. --初版.--臺北市：薩
所羅蘭分析顧問有限公司，2024.3
【薩所羅蘭】精神分析的人間條件 13
ISBN 978-626-98126-1-5（平裝）
1.CST: 精神分析學　　2.CST: 影評
175.7　　　　　　　　　　　　　　　　　　　　　　　112020955

【薩所羅蘭】精神分析的人間條件 13

熱情氣色不曾消褪的苦與痛：
阿莫多瓦《我的母親》《沉默茱麗葉》

作　　者　王明智、邱顯翔、陳瑞君、張贏云、陳建佑、謝昀融、
　　　　　王盈彬、廖麗霞、黃守宏、劉俊廷、郭淑惠、王怡萍、
　　　　　劉又銘、吳婉綺、何彥廷、周容琳、蔡榮裕
校　　對　白芮瑜、彭明雅
發 行 人　陳瑞君
出版發行　薩所羅蘭分析顧問有限公司
　　　　　106480 台北市大安區復興南路二段285號3樓之1
　　　　　電話：0928-170048
設計編印　白象文化事業有限公司
　　　　　專案主編：陳逸儒　經紀人：徐錦淳
經銷代理　白象文化事業有限公司
　　　　　412台中市大里區科技路1號8樓之2（台中軟體園區）
　　　　　出版專線：（04）2496-5995　　傳真：（04）2496-9901
　　　　　401台中市東區和平街228巷44號（經銷部）
　　　　　購書專線：（04）2220-8589　　傳真：（04）2220-8505
印　　刷　基盛印刷工場
初版一刷　2024年3月
定　　價　320元